現代武士道

大川隆法
RYUHO OKAWA

台灣幸福科學出版有限公司

目錄
Contents

前言……8

第一章 武士道的根本——武士道的源流……13
二〇二〇年六月二日 說法
於幸福科學特別說法堂

1 從歷史上的偉人所見之「武士道精神」……14
武士道具有源遠流長、超越日本國界的一面……14
從甘迺迪與林肯的人生態度所見之武士道精神……17
預知了自己將被暗殺，還毅然出行的甘迺迪和林肯……20
從乃木將軍的臨終感受到「武士道的遺恨」……22
在徹底貫徹不合作主義的甘地身上亦能感受到武士道精神……26
從古代中國的項羽的人生態度所見之「知恥、名譽與高潔」……27

有德之人・劉備，其母曾教導「作為武士的人生態度」 30
臨死之前仍遵循武士道精神的英雄——凱薩大帝 33
一心為國不貪功的坂本龍馬 35

2 **從《古事記》、《日本書紀》中所見之武士道精神** 38
讓親生父親心生忌憚的武勇之人的傳説 38
可與世界上的英雄史詩相匹敵的幾個傳説 41
武士道的體現——熊襲建臨死之際的話語 44
樹立太陽信仰而征戰的神武天皇 46
天照大神時代已經出現了武士思想 49

3 **武士道之源「天御祖神」** 54
出現在《秀真政傳紀》裡的「天御祖神」是何方神聖 54
天御祖神同時出現在兩個人的夢中 57
相撲和日本刀的起源都可以追溯到天御祖神 59
天御祖神教導人們「善惡的觀念」以及「鍛鍊的重要性」 64

透過鹽、水、結界來驅邪的做法古來有之……66
拍手有驅除惡魔、驅散惡靈的力量……67
天照大神的「圓鏡思想」所教導之事……69
從吉田松陰的「以誠為原動力的作戰方法」所見之武士道之心……71
4　**武士道與原力的關係**……73
從塚原卜傳、宮本武藏所見之「與神佛連結之劍」……73
赤手空拳躲過暗殺二十多次的勝海舟的「膽量」……76
德國哲學家的《弓與禪》裡所記述的「精神力量」……79
以不同之姿存在的「武士道」與「劍禪一如」的精神……82

二〇一九年十月三十一日　說法
於東京都．幸福科學總合本部

第二章　**現代武士道**……85
1　論日本精神的代表之一——武士道……86

戰後的日本逐漸喪失了武士道精神 86
在真實意義上，武士度過著「一日一生」的人生 88
人終有一死 90

2
現代工作中的「武士道」 93
我在上班族時期所經歷的「武士決鬥的瞬間」 93
在與客戶的談判中，五個人被我「斬落下馬」 96
公司提前兩個月下達調令的原因 98
戰勝強悍對手的經歷 101
故意挑起內訌來趕跑對手 103
「零成長」和「負成長」都是一種「惡性狀態」 106
經營是真刀真劍的戰鬥，必須做到百戰百勝 107
每一次講演、每一次說法都是拿真劍比拚 110

3
什麼是現代的武士道精神 112
「一期一會的精神」存在於自己的人生態度中 112

「把今天當成人生最後一天」而活……115
當今日本缺乏「武士道的正義之心」……119
率直地接受「傳播真理的使命」……122
「喚醒作為日本文化遺產的武士道精神」……124

二〇一九年十月三十一日 說法
於東京都·幸福科學總合本部

第三章

現代武士道 提問與回答

現代武士道 提問與回答……127
提問與回答1 如何洞察對方的思想脈絡……128
「當說則說時」的洞察之法……129
跨越黨派努力為香港提供保護的美國……131
「國家主席習近平以國賓規格訪日」的背後暗藏玄機？……135
每個人都應該自問自省是否持身端正……137

始終堅持「傳達正確的資訊」……140

提問與回答2　關於「降魔之戰時的武士道」……143

每個時代對佛法真理的正義的接受程度不同……144

不畏強權的地下天主教徒們……146

在香港革命中，持續堅苦對抗的教會……149

世間之人難以企及的「神的視角」……151

神的意志並非朝夕之間就能顯現出來……154

一個人的覺醒，有時即可以改變世界……158

不拘泥於現世的成功，抱持無所畏懼的勇氣……161

後記……164

前言

不知為何，關於武士道，我很想說上一兩句。

我練習劍道的時間並不長。在德島縣立城南高中念書的三年裡，我主要每週練習六天。此外，在學校每週一次的體育選修課（劍道或柔道）中，因為我的劍道水準比體育老師還高些，我還被委任代替老師教授一般的同學，帶著大家和其他的劍道部成員一起訓練。

我在東京大學的東大劍道部時，還去江之島參加過對戰日本防衛大學的比賽。比賽一開始，對手上段持竹刀氣勢洶洶地朝我的頭部攻擊而來，而我則以攻為守，先瞄準攻擊對方手腕，再兩次連續打面，緊跟著虛晃一招刺喉，實則擊腹為攻。對方不斷後退，最後被我逼出場外摔倒在地。

比賽結束後，我們大家在深度達一公尺深，和日本自衛隊相同規格的浴池中泡澡，放鬆了一下。此外，我還清楚記得當時在用餐時，在防衛大學劍道部隊長大喊「開動！」的一聲令下，眾人一起吃咖哩飯的情景。

在團體戰中，東大劍道部曾打入關東地區前八強，算是蠻有實力的，不過我因為在集訓期間罹患了德國麻疹，後來就逐漸淡出了東大本鄉校區七德堂武道館的訓練，變成了一個讀書青年。

在東大畢業的前輩中，有一位作家三島由紀夫，不知為何，在政治思想方面，我與他頗有相似之處。

雖然我無法像三島由紀夫那樣認同《葉隱聞書》中所述的「所謂武士道乃尋死之道」，但在認為人應該抱著「一日一生」的心境而活、「人不應該在塌塌米上舒適而死」等思想方面，我與他也許是相同的。

在本書中我有所提及，在去年（二〇一九年）三月份在臺灣舉行的講演會上，我曾明確表示，日本這次一定不會忘記「武士道」精神，對於香港時亦是如此。

對中國的習近平來說，我是其在日本最大的思想勁敵。

我時常論述的「正義論」，其背後存在著「武士道」。在那數千、數萬人面前的講演台上，我總是好比拿著真刀真劍一樣，從不懈怠地一決勝負。但願我能徹底活出堅強且高潔的人生。

二〇二〇年　六月二日

幸福科學集團創立者兼總裁　大川隆法

第一章

武士道的根本——武士道的源流

二〇二〇年六月二日　説法
於幸福科學特別説法堂

1 從歷史上的偉人所見之「武士道精神」

武士道具有源遠流長、超越日本國界的一面

是時候出一本以「現代武士道」為主題的書了。今天早上，我審校了書稿（本書第二章、第三章），並寫完了前言和後記，卻總感覺言猶未盡。

我不願意就這樣出版，讓花錢買下這本書的讀者失望，並且或許大家應該也希望我多談一談精神層面的要素，因此，算是對先前論述的補

充，我就稍微進一步拓寬話題，論述自身對於「武士道」的想法。

我曾說過武士的時代延續了一千幾百年，但在審校書稿的時候，我發現編輯部添加了注解，說「武士的時代始於鎌倉時代，歷經了七百多年的歷史」。這與我所感受到的稍有不同，我認為有必要加以闡述一下。

編輯部之所以那樣注解，或許是因為他們認為武士道的思想是劍道與佛教禪宗精神相融合的產物，而兩者的融合始於鎌倉時代。

然而，的確有某種觀點認為禪宗精神的融入，讓武士與坐禪成為一體，由此衍生出了武士道。

新渡戶稻造的《武士道》中的觀點，就給我這樣的感覺，山本常朝的《葉隱聞書》，也偏向這一觀點。

但在我看來，武士道的歷史應該更加源遠流長，並且，它具有跨越國界的一面，廣佈到了日本以外的其他國家。

哪怕在海外，在那些像英雄一樣戰鬥過並最終犧牲的人們身上，我也能感受到「武士道」的存在。即便他們手中沒有武士刀，他們也是那樣的英雄。因此，作為一個概念，我認為武士道當中蘊含著一些更古老的要素。

換言之，武士道是一種拋開自身的利益得失和一己私欲，選擇走在正義之路的，勇者靈魂之人生態度。我是如此感受的。

從甘迺迪與林肯的人生態度所見之武士道精神

拿美國來說，在遭到暗殺身亡的美國前總統甘迺迪和林肯的身上，或多或少能感受到武士道精神。

林肯在南北戰爭之時，關於是否應該發動戰爭，想必曾經百般苦惱。

當時，在美國南部，人們認為「奴隸制是一種財產制度」。人們把從非洲擄走的黑人奴隸，當成替代牛馬勞動力的財產，所以他們宣稱「解放奴隸就相當於沒收個人財產，怎麼可能會放奴隸走」，於是美國便爆發內戰了。

然而，林肯以更高的見地，他認為：「把人當作財產，將他們與牲畜同等對待，根本是錯誤的」。

就像這樣，一方面是「自己的財產權遭到侵犯的正義之怒火」，另一方面是「人類普遍的精神」，在這場對決中「究竟哪一方為善，哪一方為惡」，實在無法單純地去判定。但是，在這種情況下，林肯做出了決斷，不畏生死地宣戰。我認為，這其中就存在著武士道精神。

後來，甘迺迪亦是如此。在人工衛星發射，以及將探測器送上月球方面，美國都被蘇聯捷足先登，於是，甘迺迪宣佈「美國誓在九年之內超越蘇聯」，美蘇之間的太空競賽由此拉開了序幕。後來，美國成功地將阿波羅號送上了月球。

此外，「古巴危機」的時候，蘇聯在處於美國咽喉要塞的加勒比海島國古巴，設立了導彈發射基地。倘若蘇聯將核子武器和核導彈運進古巴，將讓美國無法防禦。以當時的技術來講，從那個距離發射導彈，美國全境將化為一片焦土。

當時的技術還造不出愛國者之類的防空導彈，因此甘迺迪對蘇聯明確地表現強硬的態度，表示「若將核武導彈運進古巴，美國就會開戰」，甚至直接封鎖了古巴海域。

看到甘迺迪施行了海上封鎖，蘇聯派出的貨船還未進入古巴境內就返航了。最終，美國迫使蘇聯撤走在古巴的核武導彈發射基地。從甘迺迪的堅決態度裡，可以看到武士道中的決然之處。

預知了自己將被暗殺，還毅然出行的甘迺迪和林肯

甘迺迪最後前往美國南部，與夫人賈桂琳一起乘坐敞篷車巡遊之際被暗殺。關於暗殺，與賈桂琳夫人關係深厚的預言家珍妮·狄克遜曾苦苦勸說：「去了南方，總統就會遭到暗殺，千萬不能去。」然而，甘迺迪仍毅然地奔赴南部，結果真的遇刺了。

林肯也是一樣，最後在劇院遭人暗殺。據說，在自己被害的數日之前，他曾好幾次夢到自己被暗殺。但是，或許林肯預感到自己死期將至，但仍執意前往劇院，於是就真的被暗殺了。

當時，林肯夫人也曾阻止林肯，警衛隊長更是因為自己的堅決反對，而被林肯安排了休假。那一天，林肯如期前往劇院，結果，在他踏

進二樓的總統包廂時就遭到了槍擊。一個南部出身的男演員持槍襲擊了林肯。

據說林肯在自己被害之前的幾日，已經夢見了這一幕。在夢中，他突然發現，自己的葬禮正在舉行：「大家穿著黑色服裝來弔唁，他想這是誰的葬禮呢？結果發現躺在那裡的正是他自己。」可以說，林肯是明知道自己去了劇院就是死，卻依然前去赴死的。

畢竟南北戰爭中有多達六十一萬的美國人喪生，或許林肯對此感到很深的自責：「我害死了這麼多人」。在武士的眼裡，這是要切腹的，或許他一直在尋找一個「以死謝罪」的契機。

南北戰爭是美國的內戰當中，死亡人數最高的戰役，林肯對此深感責任重大，一邊打仗一邊虔誠地祈禱，然而畢竟南部的民眾也多是神的信奉者。在我看來，林肯不顧一切地赴死，體現出了他品行高潔的一面。

從乃木將軍的臨終感受到「武士道的遺恨」

在我看來，這高潔的一面，在乃木希典將軍身上，也有相似的體現。

乃木將軍在日俄戰爭的旅順會戰中擔任指揮官。日清戰爭之時輕鬆拿下的二〇三高地，在日俄戰爭中，變得非常的頑強。俄軍構築的要塞久攻不下，數萬名年輕的日本軍人葬身於此。

其實，乃木將軍的兩個兒子也死在攻打旅順的突擊戰裡。接到兒子的死訊，乃木將軍應了一聲「是嗎」，抬手調暗了軍帳裡的燈光，想必是為了拭淚吧。調暗燈光的時間只有片刻，之後，他重新打開燈，一切如舊。

當時，國外的觀戰將領和記者也在場，他們把乃木將軍的表情舉止報導了出去。戰爭奪走了這麼多人的生命，甚至犧牲了自己的兒子，這是他自己未盡周全之處，也是他作為一個兵法家有所欠缺的地方。

因為「乃木」最後拿下了旅順，所以在俄國提到他的名字，就好比讓哭泣的孩子嚇到止住聲音一般，讓人感到害怕。但實際上，俄羅斯的要塞極其難打。俄軍的厚實要塞是用混凝土打進，還在裡面搭建了砲台，日本軍拿刺刀去突擊根本是以卵擊石，不等爬上高地就被俄軍盡數擊斃。

此外，乃木將軍為了避免誤傷，在自己人發動攻擊時，不讓日軍在後方砲擊。但這反而給了俄軍狙擊的機會。俄軍毫髮無傷，居高臨下猛烈開火，對日軍造成了巨大的傷亡。

時任日軍參謀總長的政治家兒玉源太郎見此情景，明白只有粉碎俄軍的堡壘才能打破僵局，於是他調來了能擊沉船艦的重型火砲。現在，東京的台場還留有這種大砲的砲臺遺跡。那架大砲任誰見了都不認為能憑人力搬運，但日本兵將們齊心協力，硬是喊著口號把它搬上了山。如此一來，大砲一邊從山上壓制住俄軍堡壘的火力，日軍同時向二〇三高地發起突擊。也就是說，日軍的重型火砲瞄準俄軍堡壘連續開火，讓堡壘內部成了一片火海，讓俄軍的火力無法集中力量攻打日軍。

這種打法固然有可能誤傷自己人，卻能有效減少日軍的傷亡，因此兒玉源太郎才暫時承接指揮權，指揮日軍在重型火砲的掩護下發動突擊，最終就成功地拿下二〇三高地。

二〇三高地裡有一個位置可以俯瞰旅順港裡停靠的俄軍艦隊，日軍奪下二〇三高地後，繼續將大砲對準俄軍艦隊連連開火，進而俄軍艦船全部被擊沉。

從兵法上看，不得不說兒玉源太郎的戰略眼光更高一籌。而乃木將軍則因「對自己拙劣的打法，致使眾多人們死去，進而一直感到悔恨」。後來在明治天皇駕崩之時，他切腹自殺，與夫人雙雙以死謝罪。在他身上，我感到強烈的責任感，武士道的遺恨如櫻花般飄落，實在令人不勝唏噓。

在徹底貫徹不合作主義的甘地身上亦能感受到武士道精神

在我看來，武士道不分東西、不分國界而廣泛地存在。

印度的甘地是一位手中無劍之人，他曾採取「非暴力、不抵抗」的方針，手裡不拿一件武器，帶領民眾徒步數百公里，進行「食鹽長征」。

面對來勢洶洶的武裝英軍，選擇不抵抗，是需要勇氣的。甘地手無寸鐵地帶領民眾進行「食鹽長征」，製造出國產食鹽，透過消極怠工的方式來進行抵抗，最終讓印度成功實現了獨立。

此外，甘地認為「國家分裂並非好事」，反對巴基斯坦以「我們是伊斯蘭教徒」為由獨立建國。印度是一個多宗教的統一國家，他反對搞獨立，卻也因此被一個狂熱的印度教徒近距離槍殺。

甘地年近耄耋、立下不世功勳，最後卻死於暗殺。

儘管甘地一生並未握刀戰鬥，但我依然從他的身上感受到了武士道精神。

從古代中國的項羽的人生態度所見之「知恥、名譽與高潔」

從上面這些例子可以看出，武士道不僅屬於日本，在精神層面上，就算在中國也並非未曾見過。

比如，在秦始皇時代末期，秦朝短短數十載便走向了滅亡，群雄逐鹿天下，最後，項羽、劉邦並立最終劉邦勝出。劉邦麾下謀士眾多，實力強勁。

有人詬病項羽是個有勇無謀之人，但我感覺到，實際上項羽是一個具備某種武士道精神之人。

項羽在最後陷入了「四面楚歌」的境地，四周傳來了項羽的故鄉楚國的民歌。實際上，那是劉邦謀士的計策。他認為項羽聽到楚國的歌聲，一定會誤以為楚兵已經倒戈，如此便可徹底摧毀楚軍的士氣，讓項羽自覺氣數已盡，無力回天。

項羽有個妻子叫做虞美人。在那個年代，極少有一生一世一雙人，但項羽只有虞美人一個妻子，就連行軍打仗也把她帶在身邊。「如果將虞美人留下，她落入敵軍之手怎堪受辱」、「不能容忍妻子落入敵軍之手遭到侮辱，又無法帶著她去突圍」，兩難之際，他眼睜睜看著虞美人自刎在自己面前。最後，項羽打算率領部下殺出一條血路，衝出重圍。

而等待他們的是劉邦大軍裡韓信的「十面埋伏」。他在多處設下伏兵來逐步削弱項羽的兵力。因為韓信深知不能硬碰硬，項羽太強，正面拚殺的勝算極低，所以韓信才制定了「逐步削弱項羽兵力」的作戰方略。

因此，項羽的兵力變得越來越少，數萬楚軍打到最後只剩下區區幾十個騎兵，但項羽卻依然屢次試圖突圍。

後來，項羽來到了烏江邊。守衛著揚子江（長江）渡口的亭長勸說道：「這裡有船，過了江就是楚國了。留著青山在不怕沒柴燒，回去重新整備軍隊，將來還有捲土重來的機會。現在你一個人也沒關係，先保住性命要緊。」可是項羽拒絕了。他認為，敗軍之將怎能恬不知恥地獨自回鄉，男兒自當衣錦還鄉，自己既然做不到，就無顏再見江東父老。於是，他就在敵軍環伺中拔劍自刎。

在項羽身上，我感到了某種類似於武士道的精神。在他身上，我感到了「知恥」、「名譽」與「高潔」，這其中一定有一些影響。這是西元前的事情，是比耶穌．基督更久遠的事情。

有德之人．劉備，其母曾教導「作為武士的人生態度」

此外，三國時代裡的劉備，在他草莽時期，被母親訓斥的故事裡，我也感受到了武士道精神。

在那個年代，茶葉被視作藥品，價錢非常昂貴。聽說從洛陽來的船上可以買到茶葉，劉備賣掉祖傳的寶刀，買來茶葉孝敬生病的母親。

結果，聽說了這一切的劉母，問道：「你的刀呢？」劉備答：「我把刀賣了，用那個錢買了茶葉回來」，母親聽說劉備為了買茶葉不惜把刀賣了，不禁勃然大怒：「給我滾出去！」

劉母一邊拭淚一邊喝斥道：「那把祖傳寶刀是你身為漢室後裔的證明，你把『武士的志氣』賣掉了，換了區區一包茶葉，你還有臉來說，你是孝敬我，我可沒有你這麼沒出息的兒子！」說著就把劉備踹出了家門。

劉母的喝斥，實際上是在教導劉備「作為武士的人生態度」。據說，劉備的母親後來轉生為津田梅子，我認為這是有可能的，這位津田梅子也是一位堪稱榜樣的日本女性。因為有劉母這樣的女性存在，劉備身上才具備了武士道精神。

後來，劉備成為一員武將，在軍師諸葛亮的輔佐下四處征戰。有一次，劉備在一個小戰役打了場勝仗，那裡的十數萬百姓慕名而來，劉備雖然明知一下子帶上那麼多人，哪裡是容易的事，但聽到百姓們說：「敵軍素有惡名，懇請將軍庇護」，劉備怎麼樣也做不到拋下那些平民百姓不管，毅然決定帶上他們一起翻山逃走。結果可想而知，帶著那麼多人根本跑不快，很快就被敵軍追上了，隊伍被打得七零八落。

劉備明明一開始打了場勝仗，卻因為不聽軍師的勸告，非要帶上百姓們一起走，結果被敵人打得慘敗。劉備之所以那麼做，是因為他始終站在「德」的角度上考慮問題。也就是說，所謂「百姓為重君為輕」，哪怕是皇帝，也不能對擁護自己的百姓不管不顧。

如此想法，與武士道不謀而合，可見，武士道精神連綿於不同的國度。

臨死之前仍遵循武士道精神的英雄——凱薩大帝

其實古羅馬的凱薩大帝也有相同的經歷，和上述提及的美國前總統林肯相同，凱薩也曾經反覆夢到自己遭到暗殺，他的妻子也勸他不要去羅馬元老院，但凱薩依然在三月十五日當天如期前往元老院。

結果凱薩被埋伏在臺階附近的伏兵刺殺身亡，兇手中，包括了他極其信任的布魯圖斯。因此他留下那句著名的遺言：「吾兒，亦有汝焉？」他心想，既然連最信任的人也對自己拔劍相向，想來自己一定是是個無德之人，不應該再活在世上。凱薩之死讓我感受到了武士道般的精神。可見，他重視的不是保命，而是「當死則死」。

在高盧戰爭中，即今天的法國、德國一帶，凱薩百戰百勝，所向披靡，在他即將得勝回朝之際，卻聽說自己出征期間，元老院把持了羅馬政權，還聲稱「不能讓凱薩就這麼回來」。因此，儘管當時羅馬法律上明文禁止將領帶兵進入羅馬領土，但凱薩還是選擇率軍渡過了國境的盧比孔河。

盧比孔河雖然是條像是渡槽一樣狹窄的小河，但跨越它卻是需要勇氣的。當時的羅馬法律嚴苛，依照法律，凱薩的部隊一旦過河即被視為觸犯法律。但凱薩仍舊率領軍隊跨越盧比孔河進軍羅馬，進而成為了事實上的羅馬皇帝。

如此驍勇善戰的凱薩大帝，卻死在了最信任的人手中。凱薩的臨終，令我不禁感受到武士道精神，這與烏江自刎的項羽殊途同歸。當凱薩意識到，「自己的死期將至」、「自己的使命已達」、「羅馬帝國建立起來了，自己的使命已經完成，是時候離開了」，於是他便慷慨赴死。

一心為國不貪功的坂本龍馬

坂本龍馬也是如此，他在三十三歲生日那天，跟中岡慎太郎吃個燉鍋慶生的功夫，一時疏忽便被刺客得了手。在我看來，這一幕似曾相識，無論是林肯、凱薩還是項羽，都是這樣。

坂本龍馬成功地迫使幕府把政權交還給了天皇，也算「功成身退」。他要求幕府將軍德川慶喜大政奉還，將大權交還朝廷。因此幕府把持著朝政，所以就一個下級武士、鄉士的龍馬來說，這是一條大罪，他要求幕府的權力巔峰、第十五代將軍還政於天皇。這對作為一個最低等的武士來說，終究是犯下了大罪。

想必坂本龍馬本人對此也心知肚明吧。我想，他那時應該知道自己死期將至。

在由他親自起草的明治政府閣員名單上，他沒有寫下自己的名字，恐怕就是這個原因。我想，他是意識到了「自己已經完成了使命」吧，他有著「不以功臣自居」，或者說「為國應盡之事已經做完了，不想搶占功勞」的想法。

大政奉還未竟之前，坂本龍馬在寺田屋被奉行所的上百名巡捕圍困之時，他曾一邊掏出手槍還擊，一邊順著屋頂拚命逃走。但是在大業已成之後，他卻死於一時疏忽之下。

2 從《古事記》、《日本書紀》中所見之武士道精神

讓親生父親心生忌憚的武勇之人的傳說

放眼鎌倉時代之前的日本，也可以看到很多具有武士道精神的人物。

武士並非是從鎌倉時代才開始有的，例如《古事記》、《日本書紀》等書籍中所載的人物日本武尊，我感覺他即是一名「武士」。

據說，日本武尊有個雙胞胎哥哥。這位兄長，將當時各國進貢來的

稅金、貢品中的一個美人，也就是原本是要進獻給他們的父親第十二代天皇．景行天皇的美人，占為己有，讓她做了自己的妻子。

若從現代來說，這就相當於「侵占公物」，或者「瀆職」。當日本武尊察覺了這件事，就算對自己的親哥哥，他也不徇私情，怒道：「真是荒唐！怎能對天皇不忠，滿足私欲呢！」後來，日本武尊趁哥哥如廁時親手將他處死。

按照當時的慣例以及法治國家的常識來看，日本武尊的做法是正確的，站在「警察署長官」的立場上，這麼處置無可厚非。但即便是作為父親的景行天皇，也覺得日本武尊這樣的兒子很恐怖。

於是，景行天皇不停地派日本武尊出去打仗。他剛平定了熊襲國的叛亂，沒休息幾天又被派去出征東國。日本武尊為了父親，連親哥哥也毫不留情地處置了，可是父親卻忌憚他，擔心把這樣的兒子放在身邊，說不定哪天在睡夢中自己就被他殺死了，盡量讓他離自己越遠越好。可見日本武尊是一位勇武之極的人物。

其實，日本武尊的妻子弟橘媛就出生於東國，或者說關東。也就是說，日本武尊領命以拒繳稅金為名征討東國，而征討東國就相當於攻打妻子的娘家（記載於《秀真政傳紀》）。所以，當日本武尊率軍攻打過去之際，東國的兵將起初還以為是自己人來了，打算開門迎接呢。

但是，日本武尊認為征討東國是天皇的命令，對他來說，皇命等同於行政命令，他不能違抗。就算是妻子的娘家也不能手軟，必須要屠盡滿門。日本武尊就是這樣一個鐵面無私、殺伐決斷之人。

可與世界上的英雄史詩相匹敵的幾個傳說

後來，日本武尊的意圖還是被東國兵將察覺了。日本武尊行軍到燒津一帶，在那長著比人還高的茅草原野上，他中了埋伏，原野上野火熊熊，身陷致命危機。當時他手中的武器，就是那把被後世所稱之「草薙劍」。那把劍是日本武尊離開伊勢的時候，他的叔母倭姬送給他的。叔母對他說：「這把天叢雲劍是神器，是須佐之男命懲治八岐大蛇的時候從蛇尾裡發現的。現在我把它傳給你，你帶上它吧。」

日本武尊用草薙劍一邊砍掉茅草開路，一邊逃走的時候，風向變了，火勢轉頭朝敵方延燒，日本武尊這才得以脫身。

後來，日本武尊的軍隊在乘船返回的路上，行至浦賀水道附近，海上突然掀起了狂風巨浪。當時有種說法，說以身投海即能平息海神之怒。危難之際，日本武尊的妻子弟橘媛願意犧牲自己，轉身跳進了海裡，海面終於平靜了下來。

雖然有人把這稱之為「日本精神」，可是日本武尊因此而失去了妻子。但弟橘媛投身大海，或許不僅僅是為了捨己救人吧。由於嫁給了日本武尊，結果害得自己的娘家和親族們被大和朝廷趕盡殺絕，痛失故鄉和親人的弟橘媛，可能已經生無可戀。她的心聲已無從得知，但也許確實如此。

據說日本武尊從群馬縣進入輕井澤（嬬戀村）的時候，他曾回首遙望東國，輕嘆了一聲：「吾妻啊……」（譯注：日語「吾妻」讀作 azuma）。從那以後，關東地區就被稱作「東國」（譯注：這裡的

「東」也讀做azuma）了。

後來，日本武尊徒步返回朝廷，當他走到三重國的時候，他的人生也走到了終點。

說起來真是不可思議，精通劍術的日本武尊去爬山的時候，竟然刻意沒帶草薙劍。這實在是太不可思議了，他把劍放下就進了山。結果，在山上，日本武尊被一頭山神化身的野豬襲擊，他被野豬的獠牙刺中，傷重而死。

三重國的「三重」二字，是「筋疲力盡到腿都快斷成三節了」的意思。日本武尊沒能回到大和朝廷，而是殞命三重國，傳說他死後變成了一隻天鵝飛走了。

日本武尊的故事堪比世界級的英雄史詩，甚至完全可以比肩「亞瑟王傳奇」。這番波瀾壯闊的故事，發生在西元二世紀到三世紀左右，那時候，日本武尊就鐵面無私、殺伐決斷，「不容許任何人霸占進獻給天皇的貢品，哪怕是自己的親哥哥也不行」，「只要天皇下令，為了平定天下，就算對方是自己妻子的親族也絕不留情」。

武士道的體現——熊襲建臨死之際的話語

此外，大和朝廷位於九州地區，後來才遷到了奈良。由於熊襲建不肯向朝廷臣服，日本武尊奉命前往九州加以討伐。

根據《秀真政傳紀》的記述，當時日本武尊的名字還是「小碓命」。他趁熊襲建舉辦宴會時，男扮女裝一個人混了進去，抓住機會一舉斬殺了熊襲建。這與宮本武藏相比也毫不遜色。日本武尊單槍匹馬混進敵人之中，於宴會之上斬殺熊襲建，如果他沒有宮本武藏一般的精湛劍術，怎能做得到呢？敵眾我寡，即使男扮女裝也難保萬全，一旦被察覺，武尊恐怕連脫身都有困難。

正因如此，熊襲建臨死之際對他說：「了不起，有膽魄。我把我的名字『takeru』傳給你，以後，你就叫日本武尊（譯注：「建」與「武」的日語發音相同，都是「takeru」）吧。」從此以後，「小碓命」就被稱為「日本武尊」了。

從熊襲建的臨終遺言裡，不難體會出武士道的精神。被斬殺敗北的熊襲建，在臨死之際，對日本武尊說：「我把我的名字『takeru』讓給你，你就叫這個名字吧。」他不僅把日本武尊當成敵手，還肯定了對方的「勇猛果敢」，他認同了武尊的這份胸襟，或者說他尊敬「武尊想方設法去達成目的那份膽量」。他認為，「能死在你這樣的強者手上，是武士的宿願」。

我深刻感受到了這種精神，也就是說，武士道精神在那個年代就已經存在了，我為此深感震撼。

樹立太陽信仰而征戰的神武天皇

從日本武尊再往前追溯到「神武東征」的時代，那是近兩千七百年前的事了。早在那個遙遠的時代，在現在的宮崎縣一帶，即神武天皇一路東征之時，人們就已經在戰爭中刀劍相搏，使用弓箭了。

神武天皇經由中國地區，最初經過近畿地區的蘆屋市附近，計畫前去討伐奈良，結果戰敗了。後來，神武天皇上面的兄長們，都不幸戰死。我記得神武天皇好像在兄弟裡排行第四，他反思哥哥們戰敗身死的原因，意識到「我們向著太陽挑起戰爭就一定會戰敗。必須背對太陽才行」。於是他果斷調轉船頭朝紀伊半島駛去，在三重縣的伊勢附近登陸。神武天皇率軍背對太陽征戰下去，果然扭轉了局面，成就了大業。

這種打法與《孫子兵法》頗為相似，當然，不知道神武天皇究竟是真的借鑒了《孫子兵法》，還是偶然。只是，背對太陽而戰，整個軍團在陽光下十分耀眼，而對著太陽戰鬥的敵方，自然無法取勝。

總之，神武天皇確實是在調轉方向，背對太陽打仗以後才開始一路奏凱的，這讓人們相信「勝利是因為受到了太陽的庇佑」，於是信仰

「天照大神」的人就越來越多了。

這說明，那時候人們已經將天照大神奉為神明。人們認為：「既然天照大神是我們國家的神明，那麼對著太陽挑起戰爭就是觸犯神明，背對太陽而戰才能取勝。」當時正值神武天皇在三重縣一帶登陸去攻打奈良之際，想必是因為如此，才會在伊勢境內修建一座伊勢神宮吧。

由此可見，對天照大神的信奉並非始於日本武尊的年代，而是更早。到了日本武尊的年代，伊勢神宮已經被大規模修建起來，裡面供奉著許許多多的神靈。

在這之後，伊勢神宮的規模又進一步擴大。

在後來與元冠的的戰爭中，元朝與高麗的聯合軍隊欲渡過對馬島，攻打北九州。當時日本的武士們已經苦苦抵抗了幾個月，戰局膠著之際，颳起了一場被稱為「神風」的颱風，兩度吹翻了元軍的艦船。伊勢神宮裡就供奉著這個「風神」，人們相信，「那股神風是天照大神的顯靈」。元冠之後的鎌倉時代，伊勢神宮的規模得以進一步擴大。

現在的伊勢神宮規模浩大，甚至連綿了附近的好幾座山。如此壯觀的伊勢神宮，是因為人們對天照大神的信仰才一步步建造起來的。

天照大神時代已經出現了武士思想

前述提到倭姬將草薙劍交給日本武尊的經過時曾經說過，那把草薙劍是須佐之男命為了救奇稻田姬懲治八岐大蛇時，從蛇尾裡發現的。這說明，早在那個時代，日本就已經出現了劍這種武器。

據說，當時出雲國的製鐵技術非常先進，人們熱衷於鑄造刀劍，我想，草薙劍的傳說流傳至今，或許也與這種地域背景有關。想必出雲國出產的一定是削鐵如泥的悍刀寶劍吧。

既然有這樣的神話，那麼這個須佐之男命也必然在某種意義上稱得上是個武者。據說他性格極其暴戾無常，被從高天原驅逐出去，因其行止不端衝撞了天照大神，而被流放到了出雲。還有一種說法是，他被流放到了更遙遠的朝鮮半島。不過他是個武者這一點，應該是可以確定的。

也就是說，早在天照大神的時代，武士般的思想就已經存在了。

以農耕為中心的生活，隨著鑄造刀劍等工業技術的發展，逐漸發展到了興起產業革命的階段。在我看來，青銅器之後，鐵器的廣泛應用，使農業生產性等方面得到了顯著的提高。

《古事記》中天照大神是一位女神，而在《日本書紀》裡則變成了一位男神。這兩本書物的問世僅僅相差八年而已，其中所記載的卻並不相同，真是不可思議。

不過，單從天照大神隱身在天岩戶的一段故事來看，我認為基本可以斷定，那時的天照大神是位女性。

傳說中有段時間，天照大神因為一些內心無法接受的事情，而躲進了天岩戶不肯出來。為了吸引天照大神出來，天宇受賣命在天岩戶外舉行祭祀，載歌載舞。天照大神很好奇，將天岩戶開了一條縫往外看，有一位叫做天手力男命的大力士，據說他是千代之富士的前世，他使出神力，沿著這個縫隙破開天岩戶，天照大神這才走了出來。

據說當時在天岩戶的外面準備了一面鏡子，天照大神從天岩戶的縫隙裡往外看的時候，鏡子裡映出了一位面容姣好的神明。天照大神心想：「她究竟是誰？難道在我隱身的這段時間裡，來了個能歌善舞的美貌公主，所以大家才這麼興高采烈？」想來，天照大神自己就是鏡中的那個美人吧。

在高千穗的神社裡的那尊天照大神銅像樣貌普通，不過我想，天照大神本尊既然會對鏡子感嘆「竟有如此美貌的神明」，那麼她一定是一位絕世美人。

因此我認為，天照大神是一位女性。在靈魂的輪迴轉生中，人有時會生為男性，有時則是女性，想必那個時候的天照大神應該是轉生成為了一位女性吧。

從這個時代再往下就是「神武東征」，這位神武天皇確切來說也是一位「武者」，他四處征戰平定了天下。

3 武士道之源「天御祖神」

出現在《秀真政傳紀》裡的「天御祖神」是何方神聖

照這樣屈指算來，追溯起日本武士道的起源，僅就有史書可考證的就有兩千七百多年了。

但我認為，武士道的歷史應遠不止如此。

我之所以這樣說是因為，天御祖神的存在是近期才被論證出來的。

《古事記》、《日本書紀》中雖然沒有相關的記載，但作為日本最初的神明是「天御祖神」。天御祖神出現在《秀真政傳紀》裡，據說這本文獻是武內宿禰所編撰。根據《秀真政傳紀》的記載，最初的神是天御祖神。並且，他不是日本的神，而是「宇宙創造之神」。讀到這，就可知存在一個「宇宙創造之神」，他是作為「根源神」的天御祖神。也就是說，他在創世紀之前，宇宙大爆炸之前就已經是一個神了。早在宇宙出現之前就有了天御祖神，是他創造出了宇宙。

在《日本書紀》中「國之常立神」是最先登場的，也有記載說「也有比他更早的神存在」，而根據《古事記》的記載，「天御中主神」才是最初的神。據推算，《古事記》問世於西元七一二年，《日本書紀》問世於西元七二〇年左右；而《秀真政傳紀》則是出現在第十二代天皇·景行天皇時代，據說成書於武內宿禰在朝為官的時代。

根據傳說，武內宿禰前後輔佐了五代天皇。這樣算來，他也太高壽了。事實究竟如何現已無從得知，有人說他活了兩百歲，甚至還有人說武內宿禰整整活了五百年。難以得知這究竟是同一個人物，還是名字相同但人物是完全不同。但不管怎麼說，既然《秀真政傳紀》是在那個年代成書的，那這本書的問世最遲在西元四世紀，最早可追溯到西元二、三世紀。

有觀點稱，武內宿禰生於西元一世紀，具體應該在西元八四年左右。而耶穌受難後，猶太人在馬薩達堡壘被羅馬軍隊滅族，則是在西元七〇年左右，照這麼算，兩個時間點相差得不算遠。武內宿禰大概出生於這個時期，詳細年份現在已經無從考據，他也可能出生得更早一些。

一般來說，假定武內宿禰真的比較高壽，那《秀真政傳紀》就可能成書於西元二〇〇年前後。那麼也就是說，《秀真政傳紀》的問世起碼比《古事記》和《日本書紀》早了大約五百年。

這麼一算，可以說與《聖經》的成書時期差不多相當，或者說稍微晚一點成書的就是《秀真政傳紀》。

天御祖神同時出現在兩個人的夢中

《秀真政傳紀》裡所載的天御祖神，曾經出現在本會的總裁輔佐大川紫央的夢中。

那是一個古代的夢境，夢裡有一座規模宏大的神社，一條有臺階的木質走廊的正中央，一位巨大的神明款步走下來，人們跪坐在兩側。走在「神明之路」上的，只有這位身形巨大的神明。人們看到了這位神明走下臺階，於是紛紛屈膝跪拜。

無論在明治神宮還是伊勢神宮，抑或是其他神社，神社門前鳥居正中央的那條路是神才可以走的路，普通人是不可以在上面走的；人進出神社時走路要避開「神明之路」。

而總裁輔佐在夢中靈視到，一位巨大的神明從正中央走了下來。

差不多同一時期，還有另一位幸福科學的職員，也做了一個夢。她夢到自己在非常努力地清洗一個巨大的木質浴缸。那個浴缸實在太大了，大到令她好奇到底用這個巨型木桶洗澡的人有多麼魁梧呢？

這兩個夢境出現的時間點重疊，一個夢到了巨大的人從上面走了下來，將這個夢和巨型木桶浴缸的夢連結在一起，「那個巨大到令人吃驚的大浴缸究竟是給誰用的」就有了答案。我聽到職員說起這個打掃巨型木桶的夢，就立刻意識到，她們夢到的都是天御祖神，這兩個夢境是彼此關聯的。

相撲和日本刀的起源都可以追溯到天御祖神

據說，這位天御祖神的體型非常高大魁梧，或許在天御祖神的時代就已經出現了相撲力士。在注連繩圍起來的圓形土俵上，兩位只穿一塊兜襠布的力士，用相撲一決高下。這在當代，也許只被當作一個體育項目，但其實這一直是日本神道傳統的宗教儀式。

人們在神的面前，展現沒有任何需要遮掩、需要感到羞恥的強健體魄，表現出肌肉的躍動之美，藉由相撲向神明奉納。人們在收穫祭等儀式上，用相撲對戰的方式祭祀神明，祈求神的護佑。

相撲本身，既有「在神的面前什麼也隱藏不了」的含義，也有「將人類最精彩的技藝奉獻給神明，請神明欣賞」的含義。由此想來，相撲的起源應該就是在天御祖神的時代吧。

我運用「宿命通力」，對出生於那個時代的人們進行靈查時發現，像是力士般的人物常常出現，也許他們曾經練過相撲。他們練相撲可能是為了強健體魄，也可能是因為危機狀況中，自己需要充當警衛之職，所以要隨時做好準備。

與此同時我還發現，當時不光有了相撲，應該還出現了「劍道」。那個時候的劍道也許跟現在的並不相同，也許在形式上有所差異。就像當代相撲比賽中，會有「太刀持」這種拿著劍出現的隨從力士一樣，天御祖神的時代應該也有一個負責拿劍之人。

之所以這麼推測，是因為若是一直往前追溯到古代，就會發現劍已經出現了。這一點應該是人們在轉生過程中獲知的。或者說，受到神的靈性指導，劍作為一種武器被製造了出來。

其實，關於天御祖神，還有另一種說法，說天御祖神是從宇宙降臨※到世間的。

對這本《現代武士道》感興趣的讀者，或許不太想聽外星人的話題，所以在此我就不過於深究，假設在悠久的過去，天御祖神真的是從宇宙降臨到富士山一帶的原野上，那麼當時，他很有可能帶來了保護自己的「武器」。也許是一件類似於「日本刀的原型」的武器。

※ 天御祖神是從宇宙降臨……參照《天御祖神的降臨》（台灣幸福科學出版發行）。

此外，這件武器在材質上可能完全不同於現在的鐵器、青銅器等，而且在某些傳說故事裡確實不止一次出現過「不可思議的金屬」，所以我想，那時候也許存在用特殊金屬製造的武器。天御祖神最初帶來了一種地球上從來沒有過的武器，於是後來，人們就想試試用地球上找得到的礦石能否鑄刀，由此便留下了一段不斷進化的鍛刀鑄劍的歷史。

如何才能鍛刀鑄劍，是一件困難之事。

小學三年級的時候，有一次家父問我：「要鍛造一把刀，首先得把鐵礦石熔化成鐵水，再反覆浸水、敲打，才能鍛造出來。那麼，熔化鐵礦石用的器皿又是怎麼做出來的？」我一下被問愣了，對啊，鐵能熔化成鐵水，那用來盛鐵水的器皿是怎麼做出來的呢？這實在太不可思議了。

父親對我說：「你去請教一下老師吧，究竟刀是怎麼被鍛鑄出來的，怎麼把鐵打成刀，請老師說明一下箇中緣由吧」。我記得自己真的去問了，只不過老師也沒說明白。

據我所知，為了熔化鐵砂，似乎需要用木炭那樣的東西去加熱，讓鐵砂等經火熔化成液體。人們通常認為，用來澆鑄成型的模具的材質應該是金屬，其實不然，模具並非金屬而是「砂」。

我不是這方面的專家，只通曉個大概而已。將砂固定製作出模具的形狀，之後用木炭的火加熱，將鐵砂等金屬礦石經火熔化成液體，之後澆鑄到模具裡成型。當然，青銅的鍛造工藝出現的應該更早一些。將初具形狀的刀過火淬水、鍛打，反覆如此過程，百煉成鋼，刀劍就此成型了。

總而言之，可以推斷出，「相撲」與「日本刀」的原始雛形，或許在天御祖神的時代就已經出現了。這是我的觀點。

天御祖神教導人們「善惡的觀念」以及「鍛鍊的重要性」

那麼，「天御祖神的教義」為何呢？

各位從前文中關於日本刀和相撲的敘述中，應該已經多少有點體會。

首先，天御祖神認為：「當戰則戰」。

他顯然是一位主張「為正義而戰」之人，主張「不容許『邪惡』橫行，當為正義而戰」。既不可以做卑劣之事，也不可以放任卑劣之人。

可以推斷出，他灌輸給人們「善惡的觀念」。

除此之外，如相撲中所展現的那樣，他應該主要是針對男人講述，他教導人們：「男子漢就應當強大。為了變強大，就不能故意隱瞞，奸詐狡猾。也不可內心陰暗，亦不能暗中作祟、陷害他人。做人做事應該堂堂正正，遇到對手，要像相撲對決那樣，彼此坦誠相對，必須如橫綱力士一般強大，具有能將對手擲出場外的強大力量。」

因此，他應該教導人們「鍛鍊的重要性」以及「磨練自己，以擁有強大力量的重要性」。

透過鹽、水、結界來驅邪的做法古來有之

同時，還有一點就是關於結界的思想。

在相撲中，力士們在登上土俵前，會舔鹽、撒鹽，還會用力水漱口。除了「鹽」、「水」以外，還有用「繩子圍成的結界」，也就是說，人們在土俵之上創造出結界，上方也有繩子垂下來。

從天御祖神的時代起就有了「結界思想」，那時候就有了「在神聖的場域，不讓任何惡魔靠近」的結界。

古時候，鹽的價格非常昂貴，舔了鹽確實能讓人滿面紅光，充滿力量。鹽不僅是古代的貴重之物，而且沒有鹽，動物就無法生存，所以鹽不僅珍貴，甚至曾經能當現金使用。所以我認為，鹽應該很早就出現

了，並且在祭祀活動中使用。

此外，還有「灑水」，「打水」的作法。在一些儀式、茶道、花道中還保有類似的傳統。比如茶道，在客人光臨茶室之前，會用竹舀子在通往茶室的石板路上灑水。這種「用水來淨化、驅邪」的想法本身，並非始於伊邪那岐、伊邪那美，而是在更早的時代就出現了。

在我看來，用鹽、水、結界來驅邪的做法本身，在天御祖神的時代就已經形成了。

拍手有驅除惡魔、驅散惡靈的力量

此外還有「拍手」。日本神道當中會透過「拍手」來驅邪。有的拍手兩次，有的三次，鞠躬的次數也不一樣，雖說各個流派的作法不盡相同，但相同的是拍手的聲音裡蘊含著某種力量，可以驅除惡魔、驅散惡靈。

本會出品的電影「心靈咖啡館的驅魔師－The Real Exorcist」※中就有類似的情節，在拍手的聲音裡，有著驅散惡靈的力量。

惡靈通常在暗夜裡作祟，他們最怕的就是「火」和「聲音」。所以，日本神道中會使用「拍手聲」。用擊掌的聲音來驅除邪祟的做法，是日本神道的特點之一。

以上說到的這些都起源於天御祖神。

※ **電影「心靈咖啡館的驅魔師－The Real Exorcist」** 日本2020年5月，台灣同年8月上映的電影。製作總監・原作 大川隆法，腳本 大川咲也加。

天照大神的「圓鏡思想」所教導之事

還有一個不得不提的就是鏡子。所謂日本神道的三大神器就是「草薙劍」、「勾玉」和「鏡子」。只要是祭祀天照大神的神社，當中的御神體都是鏡子，而且必然是圓形的鏡子。只要看到它就知道，那裡祭祀著天照大神。

圓鏡的意義十分深重，簡而言之就是：「你要好好看一看，自己沒有扭曲歪斜的真正之姿為何？」「在那圓滿的境地、大圓鏡智當中，看看自己沒有扭曲、沒有邪惡的真實之姿。」

凝望鏡子，能夠看到自己。不僅可以知道「自己的面相是變凶惡了，還是變和善了」。假如此人擁有靈視的能力，那他還能從鏡子裡看出自己有沒有被什麼東西附身，也能看到自己的背後是否出現了「後光」。

鏡子在古代是非常貴重的之物，因此，鏡子被奉為神器之一，並一直沿用至今。

就像這樣，在「天御祖神的教義」當中，加入了「天照大神的圓鏡思想」，即保持「和諧」與「心靈純淨」的重要性，如此「維持無邪與清爽的心境，亦是天御祖神的教義」。

於是，所謂的「日本精神」就此形成了。

從吉田松陰的「以誠為原動力的作戰方法」所見之武士道之心

若問天照大神是否具備武士道精神，我想是有的，因為天照大神在善惡觀念上已到了「潔癖」的程度。

此外，據說天照大神最近一次轉世，是以吉田松陰之名轉生為男性，吉田松陰身中宿有武士道之心。

吉田松陰非常聰明，但是他不工於心計。他認為，做人要擁有一顆赤誠之心，凡事都要以誠為本、以誠為重，至今未有一物，非誠心所不能打動。

他說過，「要以誠而戰」、「用靈魂深處的赤誠去贏得人心，去影響世界」，「以誠為原動力的作戰方法」。

受到天照大神思想的影響，就會產生這種精神，而從武士道的精神去看，這也完全沒有偏離。

4 武士道與原力的關係

從塚原卜傳、宮本武藏所見之「與神佛連結之劍」

新渡戶稻造的《武士道》一書創作於一九〇〇年前後，書中敘述了「武士道與禪宗」、「武士道與劍道」的關係。

但我認為，武士道不僅限於此，武士道當中還包含「更具宗教情操」以及「與神連結的精神」。

在名留青史的劍豪中，有一位塚原卜傳，他是室町時代末期的著名劍豪，也是「鹿島太刀」劍法的繼承人。

在劍道道場，經常能看到天照大神的畫像旁邊，還掛有鹿島大明神的掛畫。為了弘揚鹿島的神明之道，塚原卜傳曾仗劍行腳各國，只為證明鹿島太刀劍法天下無敵。

當年，塚原卜傳在離開鹿島之前，曾親眼看到天空中電擊一閃，一道驚雷落到了那把神器的太刀劍上。於是塚原卜傳就用這把有神明寄居之劍不斷發起挑戰，既然這是一把「天下無雙之劍」，那麼證明劍的強大就可以證明「神的英明」，為了這個目的，他踏上了行腳各國的劍豪修行之旅。

由此可見，武士道僅有禪宗的氣勢是不能成立的。當然，禪宗與武士道有關，但並非只有禪宗。

塚原卜傳的寶劍得到神的直接加持，甚至劍法的一招一式都能直接接收到神的指引，所以他才能在一瞬間一決勝負，打敗對手。在我看來，他擁有「不敗之劍」，也是他常勝的一個原因。

宮本武藏也是一位戰無不勝的著名劍士，他一生與人決鬥了六十餘次。我記得，雖然他二十九歲就封劍，但他從十幾歲開始向各個流派的劍士發起挑戰，從來沒有失手過。過了而立之年，宮本武藏就遁入佛門修行，他雕刻佛像、學習佛繪、修身養性、勤勉於佛道修行。

在我看來，宮本武藏對劍的理解是，劍士手中的劍不是單純用來殺人，更應該是用來與神佛連結。

附帶一提，據說創作出小說《宮本武藏》的作家吉川英治曾每天練習拔刀術，一天能反覆拔刀一萬一千次，自以為世上不會有比自己更勤奮的人了。哪知道後來吉川英治聽說有個人更厲害，一個晚上能練習拔刀一萬八千次，他深深感嘆果然是人外有人天外有天，從此變得謙虛多了。

赤手空拳躲過暗殺二十多次的勝海舟的「膽量」

在某本書籍當中記載，勝海舟在修行時代，也曾每晚都去神社裡練習拔刀術，一練就是好幾個小時。勝海舟也是幕府末期劍豪之一，他每晚在神社境內，在神的面前練習拔刀術，這讓他的劍術多少受到了神明附體，他也變得氣勢自威，膽力卓群。

勝海舟曾擔任過幕府的軍事總裁等職務，身居要職，難免經常遭到襲擊。幕府為了保護勝海舟的人身安全，幾次提出要給他配四、五個貼身保鏢，也許因為自己每天都要去神社練劍，所以他都拒絕了。

他說：「對方可是處心積慮要我的命，不要說四、五個，哪怕安排上十個人，也都會被對方殺光。對方要殺我，肯定是幾十個人一起來，二十個、三十個殺手一起殺進來，必定會把我身邊的人全殺光。若是安排了保鏢，豈不是白白賠上他們的性命。所以還是算了吧，我一個人即能應付。」

實際上，勝海舟前後遭遇過二十多次暗殺，他不僅一次也沒讓刺客得手，甚至連自己的劍都不隨身攜帶。對方是揮劍而來，而他都是空手迎戰。他是否能夠空手奪白刃不得而知，但聽說刺客不是被他掃堂腿掀翻在地，要不就是被他直接扔到院子裡，可見他的功夫確實了得。

勝海舟身高大概一百五十二公分，體重大概勉強有四十公斤，身形小巧輕盈。與這樣的身形相比，他膽量著實非常人可比。

可能有人要說，若是勝海舟一百五十二公分，那就表示那個時代的人身材都很矮小嗎？其實不是的。坂本龍馬身高一百七十四公分，走在街上能高出別人一顆頭，西鄉隆盛就更高了，據說足足有一百八十公分。

我記得歷史上，這位身高一百八十公分、體重八十公斤的西鄉隆盛，與身高一百五十二公分、體重不足四十公斤的勝海舟，曾在江戶城舉行過一次會談，那應該是男子漢之間的會談，並且是一場膽量與膽量的對抗吧！

德國哲學家的《弓與禪》裡所記述的「精神力量」

　　膽量這種不可思議的力量，用現代的話來說，就是一種類似於「絕地武士的原力」的力量。在好萊塢系列電影「星際大戰」中出現了絕地武士團，而這種絕地武士的原力，在我看來，實際上具有日本武士道般的要素。

　　絕地武士的強大，不僅僅是因為劍術超群，還加諸了精神力量。若非達到這樣的境界，否則無法成為真正的高手。不僅劍道高手如此，在其他各種方面追求極致之人皆是如此。空手道亦然，空手道高手能徒手劈斷十幾片瓦片，能用拳頭打碎岩石，這些可都是缺少了精神力量肯定做不到的。

德國哲學家奧根・赫立格爾曾在日本學習過弓道，他的著作《弓與禪》是我反覆閱讀多次的著作。

赫立格爾學弓箭時，一開始是一邊瞄準箭靶一邊拉弓，但他的師父卻告訴赫立格爾那是錯誤的，反覆提醒他一定不要看箭靶。

赫立格爾感到不解，他說：「不對吧！不看箭靶怎麼射得中呢？我做不到。」從西方實用主義思想的角度來看「不看箭靶卻能射中，簡直是天方夜譚」。

於是師父對他說：「是嗎？那今晚你過來，我示範給你看。」當天晚上，赫立格爾如約來到了平時練習弓箭的地方。他看到遠處的牆上掛著箭靶，箭靶前面燃著一炷香，四周黑漆漆的，什麼也看不見，唯一的亮光只有線香頂端那個小小的紅點而已。師父站在離箭靶相當遠的地方，射出了第一支箭。周圍太黑了，赫立格爾看不到箭射到了哪裡，只能聽到箭頭刺進去的聲音。

接著，師父射出了第二支箭。跟剛才一樣，還是只聽得到箭頭刺進去的聲音。

之後師父跟他說：「去看看箭射到了哪裡。」赫立格爾看清眼前的情景時，不禁大吃一驚。第一支箭竟然正中紅心，第二支箭更是射穿了前一支箭的箭羽，不偏不倚，正好刺在箭杆的中心點。簡直是奇蹟！

赫立格爾寫到：「師父說『射箭時不要用眼睛去看，而是要用心眼去看』，起初我怎麼也參不透這句話，直到親眼所見，才明白師父所言非虛。」後來他的記述變成了一本介紹日本的書。

以不同之姿存在的「武士道」與「劍禪一如」的精神

如上所述，武士道在劍以外的方面，或許還有很多體現。在我看來，武士道將「精神力量」、「原力」、「劍術招式」或者說「使用武器的戰術」等元素融合在一起。

中國功夫等也是如此。不是說誰體格魁梧、誰力氣大，誰的功夫水準就一定高。

中國人常說功夫「宇宙第一」的是葉問（特別是甄子丹扮演的葉問），他的體格不是特別魁梧，體重看起來還比我輕！可見，功夫宇宙第一的人物，不一定要在體格上最強壯。

據說，葉問所繼承的「詠春拳」，其開創者是一位女性。詠春拳是一套防守型的拳法，乃至在中國，人們認為詠春拳是「宇宙最強」，比「復仇者聯盟」裡的超能力還要厲害。這套拳法起式是雙掌抬起到胸前，一邊防守一邊尋找進攻的機會。這套以守為攻的拳法，我有時也會練一練，雖然招式看上去偏陰柔，卻非常的厲害。

上述內容，無非是想表達，武士道以不同的姿態存在，有各式各樣的表現形式。並且，我認為「瞭解這些祕密而生活」是很重要的。

每個人各有各的工作，有的人是處理文件工作，有的人是從事經營管理，還有的人像我一樣，在一些大型場合舉辦行事活動。但不管什麼類型的工作，都有「劍禪一如」的一面，需要運用「星際大戰」裡提到的那般原力。也就是說，必須將「經過鍛鍊的精神力量」與「體力」合為一體去進行工作。

希望各位能夠明白，關於這方面，還有很多值得探究的地方。

這個名為「武士道的根本——武士道的源流」的法話，就是我對《現代武士道》（本書第二章、第三章）的補充。作為補充內容，篇幅可能顯得長了些，甚至讓人搞不清楚哪些是正文、哪些是補充內容了，可是我總覺得，僅把「現代武士道」的部分收錄成冊的話，內容實在不夠完整。

雖然還有其他未盡之言，不過作為概論，我想我已言及了諸多層面。

第二章

現代武士道

二〇一九年十月三十一日　說法

於東京都・幸福科學總合本部

1 論日本精神的代表之一——武士道

戰後的日本逐漸喪失了武士道精神

本章的主題是「現代武士道」。

我感覺在幸福科學的教義中，這部分內容還不夠完整，本章要對此加以論述。

明治維新終結了武士的時代，社會逐步西化，開始提倡四民平等。誠然，這種變化作為一場社會文明的實驗，或許可以說是一件好事。然而武士時代既然能夠延續一千數百年之久，必定有某些精神是不應該隨著武士時代的終結而泯滅的。

尤其是，每當我思考與二戰戰敗後的日本有關之事時，都能感受到各種神明的批判和斥責。這其中，最大的責難在於「武士道精神從日本消失」。

當然，現在已經沒有人再身佩刀劍到處行走，物換星移，世間已經完全變了樣。但是，在曾經漫長的歲月裡，始終維護著日本國體的正是武士道精神。但凡提到具有代表性的日本元素，武士道必定是其中之一。

哪怕時移世易，絕大多數人手裡已經沒有了刀劍，但人們必須要意識到，現今是否有任何精神流淌於日本人心中，並且是否要將其傳達至全世界呢？

有時候我們能從電影、電視劇裡一窺武士的世界，但是在現實世界中，更多的人只不過是把它們當成了消遣，看過就忘，卻少有人能從中捕捉到武士道精神並它把留於心中。

我們可以不再身佩刀劍，但作為日本傳統之一的武士道，不應該被現代的我們所遺忘。關於「現代武士道」，我想要論述幾個我心中的想法。

在真實意義上，武士度過著「一日一生」的人生

武士隨身佩戴刀劍，有時與人決生死，有時與人比武藝。當然，所

謂生死，就是非生即死，他們的每一天都在生與死之間遊走。

所以在那個時代，「一日一生」這個詞是武士的真實寫照。從這個意義上來說，武士的妻子們必須面對的現實是，誰也無法保證早上出門的丈夫能否平安歸來。我認為，這也是她們從嫁給武士的那天起就做好的覺悟。

武士一旦隨身佩戴日本刀，就意味著他必然要面對與他人拔刀決鬥的時刻。

此外，即便手中無刀，並非與人刀劍相向，人在一生裡也一定會面臨「決鬥」時刻，那是「事關職業生涯存亡，不戰不可」之時，或是「事關進退的決戰關頭」。

人終有一死

人的一生，一般來說大概有三萬天，特別高壽之人也不過四萬多天。假如把人生的三萬多天，比作一棵大樹的話，那麼人生就是樹上的葉子一片一片落下的狀態。

每一天的二十四小時不會停止流逝。

今天在座的每一位，包括我自己，我們的人生之樹每一天都會飄落一片葉子。而長在這樹上的最後一片葉子，那最後的一片葉子落下之時，就是我們必須離開這個世界的時候。這是誰也無法逃脫的命運。這個命運，即便是學佛之人也不能例外。

此外，大樹上的那三萬多片葉子，不一定會按照固定步調緩緩地掉落。人生既有颱風和暴風雨來襲之時，也有洪水和海嘯肆虐之際。

就在本次說法的當天，被稱為世界遺產的沖繩首里城發生了火災。目前起火原因還不清楚，但火災就這麼突然發生了。前陣子，日本才遭受了嚴重的風災和水災※，沒想到這麼快又發生了火災。

有些我們以為會永遠存在的東西，並非會永遠存在。

昨天還堅固無比的建築，以為百年之後它依然會矗立在那裡，可是隔天就消失了。颳風下雨，地震火災，世事無常，好好的東西也會轉瞬即逝。

這個道理同樣適用於人的身上，若是自然地活下去，能活上三萬天，但誰也不知道下一秒會發生什麼事。

一個人，原本好好地走在澀谷街頭，突然一股風速四十公尺的疾風

※ **風災和水災**　日本在2019年9月和10月，分別遭受了颱風15號和颱風19號的襲擊，由此引發的暴雨和狂風使各地受災嚴重，出現了河水氾濫、建築倒塌、停電斷水等狀況。參照《靈性解讀颱風19號》（幸福科學出版發行）。

吹來，此人就可能丟了性命。即便為了躲雨而撐著傘，但誰也想不到竟會被一陣疾風奪了性命。

再比如，為了抵禦海嘯而把海邊的堤防修得又高又堅固，以為這下子可以高枕無憂了，怎知卻暴發了山洪，洪水反過來從山上傾瀉而來，高高的堤防擋住了洩洪入海的通路，反而讓整個村子都被洪水淹沒了。

再或者，因為風速接近六十公尺的颱風颳來，結果即便是橫綱用雙手大力猛推都推不倒的鐵柱或水泥電線桿，竟然被颱風吹倒了；有時候，太陽能板被風一吹竟然燃燒起來，再也不能發揮作用了。

天有不測風雲，儘管人們想出各種各樣的辦法來預測各種可能發生的狀況，努力對抗天災，確保國土安全，還是會發生超越人的智慧之力的災害。

2 現代工作中的「武士道」

我在上班族時期所經歷的「武士決鬥的瞬間」

此外，人世間又何嘗不是如此。今天的朋友可能會變成明天的敵人。昨天還保護著自己、栽培著自己的長輩，可能今天就站到了自己的利益對立面。

職場上也一樣，再怎麼拚命工作也不能倖免，曾經志同道合的同事，說不定哪天就會意見不合，分道揚鑣。

面對這樣的情形，堅持己見還是隨波逐流，變成了在眼前的艱難抉擇。這種選擇甚至堪比武士拔刀決鬥，生死一瞬間。

我在自己短暫的上班族生涯裡，經歷過好幾次類似的事情。有很多時候，自己明知道「要是把話說出口，恐怕對方就完了」，但最後還是不得不說。這個「對方」有時是公司內部的同事，有時是公司外部的人員。

在與公司外部的工作往來中，我有好幾次都明確地預感到，「只要我一亮劍，對方就會被炒魷魚」。事實上，我也確實讓人被革職過。我以前也講過，「這些時候，讓我感到世事無常」。

我在公司（大型總合商社）工作的最後一段時間裡，我主要負責跟銀行打交道。和我打交道的人，一定想不到他們的窗口竟然是一個「世界級的靈能者」。畢竟談判時我能把對方的意圖看得一清二楚，現在想想也挺同情他們的。只要我一「亮劍」，就必取對方「首級」。

當然，打交道的時間長了，彼此關係又比較好，我也會多少手下留情。只不過在那個時期，企業的財務和銀行處於利益對立的關係，有一方獲勝就必有另一方吃虧。

一方的戰果是建立在另一方的失敗上，就好比一場接著一場的零和博弈。

儘管我常常多少手下留情，但也有不得不拔劍的時候。有好幾次，我心裡清楚「對方這次是被我刀起頭落了」，結果不久，對方果然來打招呼說自己要離職。

在與客戶的談判中，五個人被我「斬落下馬」

其實，在上班族生涯的最後一段時間裡，因為我的亮劍而導致五個人丟了工作。自己的強悍，讓我體會到了「悲憫蒼生」、或者佛陀口中「諸行無常」的悲涼之感。

因為我的談判能力太出眾了，遇到棘手的案件，公司便會交給我處理。當其他人出馬沒有勝算時，就會派我出馬。而我一出手，對方就會「丟了腦袋」。

但畢竟，知道「對方會因此丟掉工作」，我心裡難免會感到悲涼。

當時，我還不到三十歲，而對方大多是在大型銀行工作的業界菁英，有的甚至是我大學裡的學長，年紀在四十、四十五歲左右。這些人大多是資歷比我高十年、十五年、甚至二十年的前輩，但他們卻被我的「劍」斬下了馬。

我斬落五人之後，著實感到身心俱疲，開始犯嘀咕：「啊！這實在是折磨人的差事。」我希望雙方能夠雙贏，但雙贏的局面卻很難達到。

我的工作內容主要是與銀行交涉，盡可能降低給我們公司貸款的利率。這樣一來，我們公司一年就能節省幾千萬日元的利息，幾年下來僅此一項就能消除數億日元的負債，實現轉虧為盈。不過對銀行來說，交涉失敗，就等於每年要損失幾千萬。

還有一些情況是，當交易條件對公司不利時，我們就會選擇中止交易。我心裡清楚一旦中止交易，對方的負責人就會前途黯淡。每到這時，我都會反覆思考這一劍到底要不要砍下去。

儘管我已經換成了「小刀」，盡量手下留情，但被我斬下馬的課長、部長前後多達五人，令我十分內疚。

於是，在一九八六年三、四月份的時候，我開始考慮要不要辭職。

公司提前兩個月下達調令的原因

然而公司裡的管理階層並不清楚我的真實想法，他們只是隱約覺得可能無法長久地留住我。

那時我在名古屋工作，日子有些無聊，再加上覺得自己今後應該還有再去海外工作的機會※，於是我就開始著手準備英語的考試等。等我考完了英語，拿到了新的資格證書，就有人開始議論：「這肯定是為了

※ **再去海外工作的機會**　作者到名古屋分社財務部赴任之前曾在東京總公司的出口外匯課工作，後來被拔擢為前往紐約總部的研修生。赴紐約後約有一年的時間，作者一邊在紐約市立大學研究所學習國際金融，一邊作為最年輕的日籍菁英，負責紐約總部財務部門的工作。

跳槽做準備」、「他看上去工作得不太開心，考英語類的資格證書就為了換工作吧」。

或許是因為這些，一九八六年四月一日，公司下達了一紙調令，讓我同年六月一日去東京國際金融部進口外匯課報到。提前兩個月下達調令，在日本國內是十分罕見的狀況。恐怕公司方面是怕我辭職才出了這招來留住我。我看著四月一日就發出的調令，真是哭笑不得：「竟然我還得在名古屋工作兩個月，這是什麼意思啊！」

我心裡備受煎熬，一方面是因為我已經讓五個談判對手丟掉了工作，但另一方面，自己已經到達極限，無法繼續為對手放水。

何況，其實他們明明不至於「掉腦袋」。

我常常會在心裡暗暗替對方著急：「如果你這樣對我說、這樣去做，不就能拆解我的招式嗎？」結果對方卻沒有這樣回應我。我心裡很清楚，如果我說了「快這樣回應啊」，那對方自然也會明白吧！結果，這些資歷遠勝於我的前輩，腦袋卻不夠靈光，完全招架不住我的攻勢，擺出一副「引頸就戮」的樣子。

我心裡哀其不幸，你們怎麼可以這麼輕易就「奉上了自己的項上人頭」，也只能感嘆一句「諸行無常」了。

我常想，如果時期變換一下，企業和銀行之間可以形成合作雙贏的關係，雙方都有所獲益該有多好。這樣一來，工作起來一定會開心很多吧。

戰勝強悍對手的經歷

有些銀行對我任職的公司逼得很緊，有一家甚至會派出最擅長談判的人過來。

有一次，那個銀行就派出了一個最擅長談判的人。那個人看起來身高接近一百九十公分，體重足有一百二十公斤，又高又壯像個相撲力士，他一坐到我們公司的會客室裡就不肯走了。

負責跟他們銀行的窗口原本不是我，而是我的一位前輩，不過這位前輩根本不是那個人的對手。上司很清楚這一點，就讓我替他出去「迎戰」。我果然不負眾望，成功地把他「請」走了。課長大喜過望，喊一聲「獎勵你的」就搜地一下扔給我一個好東西，他還不停地誇「幹得漂亮，終於把他趕走了」。

那個人是出了名的難纏，我的同事們都害怕他，要是我們不答應他的要求，他就賴著不走。

說到他的目的是什麼，無非是為了存款。常常張口就是「已經月底了，請追加十億日元的存款吧」，而且要求得不依不饒。

我們這邊的負責人只要氣勢上弱一點，根本就抵擋不住。對方一句：「去開支票吧」，我們就會老老實實地把支票「奉納」過去，他往懷裡一塞，鼻孔哼一聲便揚長而去。整整十億日元的存款就那麼被他收入囊中，成了他們銀行當月的存款業績。

銀行之間基本上競爭的就是每個月底的存款總額，任何一家銀行都是拚了命的拉高存款。

我拒絕了「十億日元存款」的時候，我的上司還扔給了我一個「獎品」。

我想起剛進公司還是新人的時候，自己還被上司扔過算盤呢！等我能獨當一面了，也做出了實實在在的成績，上司才對我刮目相看，還會送些好東西犒勞我：「好樣的，這個給你，接好了啊！」

故意挑起內訌來趕跑對手

話說回來，最後我也遇到過「命懸一線」的時候。

那是個由我的上司課長親自負責的專案，對方來了兩個人，課長帶著我一起去開會。對方的談判實力很強，我們眼看就抵擋不住了。

於是，我發揮演技，演了一齣內訌，讓對方看得臉色鐵青。我對課長說：「課長，絕對不能答應！否則我們就完了！絕對，不行！」我故意擺出一副強硬的態度。

課長為難地說：「可是對方都把話說到這個地步了，不答應也沒辦法。」可是我說什麼也不退讓：「不行！我絕對不允許你向他們妥協！」我故意當著他們的面，和自己的上司爭執了起來。

結果，對方看我們爭執不下，只好說：「看來今天不湊巧，改天再談吧」就回去了。

當然了，這一切都在我的意料之中。等他們走了，我誠懇地向課長解釋道：「課長，方才我失禮了，非常抱歉。情急之下，為了把他們趕走，只有用這個辦法。故意當著他們的面頂撞您，真對不起。」道歉時我還鞠了九十度的躬。

我的做法，作為一個下屬來說，顯得有些過分了，我自己也不痛快。畢竟銀行的人來勢洶洶，結果因為我們的內訌而打了退堂鼓，這麼做也是情勢所迫。

對了，現在，我偶爾也會想，要不要去本會的演藝事業的單位轉轉，指導一下演技啊（笑）。

總而言之，職場上總會有種種的不得已，尤其是對於在家修行的人們來說，日常工作中難免會遇到很多類似的情況。

「零成長」和「負成長」都是一種「惡性狀態」

現在，經常能看到某一家店熱門了，它的競爭對手可能撐不了幾天就得關門的情況，競爭就是如此激烈。

有時候一條街兩邊開了兩家類型差不多的店，住在附近的人甚至還會議論「你們說哪家先倒閉」、「我覺得八成是那一家」。

在如此殘酷的大環境中，日本經濟處於持續「零成長」的狀態中。

所謂零增長，是指無論怎麼做也推動不了整體發展。即一個國家陷入某一方面得分，另一方面就會失分的狀態。某個行業一旦有哪裡業績屢創佳績，就必有哪裡業績大跌。這個狀態，就是所謂的零成長狀態。

而「正成長」的局面，就是業績實現了百分之幾成長時，各處業績的成長程度雖然存在一些差異，但確實都處於少量盈利的狀態。

從這個意義上來講，持續的零成長是一種惡性狀態。

情況進一步惡化，出現「負成長」經濟開始下滑的話，就意味著離企業倒閉潮不遠了。

經營是真刀真劍的戰鬥，必須做到百戰百勝

據說，日本企業裡有七成始終處於赤字狀態，其中有一些是出於避稅的目的而故意做出虧損的假象。而松下幸之助先生常說，「企業經營是真刀真劍的戰鬥」。

既然是真刀真劍的戰鬥，那麼「盈利」是理所當然的，而出現赤

字，則相當於在決鬥中被敵人的劍刺中，負傷流血。

這就好比在劍道中，如果是用竹刀比試，那就很容易出現「力度太輕，不得分」或者「位置不對，不得分」的情況。

比如說「小手」，完美地擊中對方的右手腕能得一分，而擊中左手腕則不得分。「打面」也是一樣，只有擊中有效位置才能得分，要是對方及時躲開你只打中了護具，那麼這個打擊就不算數，得不了分。

然而，如果這是真刀真劍的實戰，情況就大不相同了。被「打面」等於臉被斬了一刀，肯定非常疼痛。就算是左手被打了「小手」，那也是刺中了手腕，實戰可是很殘酷的。劍道裡被「打胴」時，左邊身體閃躲成功沒什麼損失，實戰中可能就是右邊的身體沒躲掉，無論左邊還是右邊，都是身體的一半被砍到了，甚至有可能丟掉性命。

從這層意義上來說，一旦變成真刀真劍的實戰，那麼萬一被刀碰到了，皮膚就會出血，身體就會受傷，甚至還可能送命，身體的任何部位被敵人擊中都可能造成致命傷。真刀真劍的實戰就是這麼殘酷。

大多數人都覺得經營企業難以成功而松下幸之助先生卻說：「非也，經營企業必須百戰百勝。」他說過：「企業經營是真刀真劍的戰鬥，一旦失敗就翻不了身」、「不要理所當然地以為能活到明天」。

松下幸之助先生告訴我們，對一家企業而言，倒閉了就什麼都沒了，所以不能容許失敗，要讓自己立於不敗之地，一定要取得勝利。

我認為，松下幸之助先生的教誨，是每一個企業經營者所必備的覺悟。

有些經營者總是心懷僥倖，有的以為虧損了就不用交稅了，豈不是更划算。有的以為只要經濟環境復甦了，企業就能跟著好起來。有的以為反正上一代留下了這麼多的家產，能支撐好幾年，足夠等到經濟復甦。還有的寄希望於救助，以為「反正會有人幫我」。

然而，要知道無論工作還是做生意都是真正的戰鬥。一旦對手的劍接觸到了自己的身體，就會出血。自己的劍刺到了對方，對方也是如此。真正的交手可不是兒戲，這一點請各位務必牢記。

每一次講演、每一次說法都是拿真劍比拚

我經常舉辦講演和說法，今天的說法是第三千十二次。之前還說已經超過了三千次※，這就變成第三〇一二次了。

我把每一次講演、每一次說法，都看作是一場真正的戰鬥。

畢竟站上講壇進行講演，我面對的是數百、數千乃至數萬名的觀眾，最多曾多達五萬人。站在五萬名觀眾的面前講演，一旦失敗就是致命傷，這絕非虛言。

在講演中，若是主講人突然大腦一片空白，或者講著講著完全離題了，這些都屬於致命傷，世間當中這種情況十分常見。

所以，我每一次的講演，都是拿著真劍比拚，從不懈怠。一直心懷「不可鬆懈，否則就功虧一簣」的緊張感。

※ **超過了三千次**　截至2022年3月，說法次數超過了3400次。

3 什麼是現代的武士道精神

「一期一會的精神」存在於自己的人生態度中

思索在現代社會當中，於家庭中的人生態度，以及背負著日本傳統價值觀時的人生態度時，在「武士道精神」上，有幾點希望各位能留意。

對此我先言簡意賅地講述，之後各位若有問題，我再來回答（參照本書第三章）。

首先，關於我希望各位抱持各種武士道精神，前文提到人的一生平均有三萬多天，「每個人今天都可能會死」，車禍、天災，突如其來的事故，隨時都能奪走生命。

本會製作的電影「若是世界消失了希望」※上映的時候，看到那麼受歡迎，我當然很開心，但不知為何，我感覺像是被時光機帶回到了十五年前，那種「我也許今天就會死去」的緊迫感，時不時地湧上心頭。可能只是因為接收到了太多來自各位的念波，所以才會出現這個感覺吧！

但是，假如十五年前，我在被診斷出疾病之後，真的讓所有工作和活動都就此止步的話，那麼便不會有後來的兩千多場說法。當時我只出版了三百多本書，假如就此停下，就不會有後面兩千數百本書的問世。

※ **電影「若是世界消失了希望」** 製作總監 大川隆法，2019年上映。電影描繪的是一名暢銷書作家，在被醫生宣佈死亡之後「復活」，進而活於使命之姿。故事情節是以 大川隆法總裁的親身經歷為基礎。參照《新復活》（幸福科學出版發行）等書。

那時候，我還沒有走遍日本全國，也還沒有去過海外巡錫。假如就此停下，後面的海外十數國的講演也不會發生，也不會有現在這麼多海外的信徒。

當然，要是那時真的放棄工作了，便不會有本會製作的電影上映，不會有幸福科學學園的那須本校和關西分校，不會有ＨＳＵ（Happy Science University 幸福科學大學），也不會有的政黨（幸福實現黨），這一切都不會有。

也就是說，當時那個「絕不放棄，重新回到戰場上」的決心，決定了教團之後十五年的發展腳步。

每當想起這些，我就深深地感到，雖然這一切多虧自己有贏得勝利的決心、多虧自己對未來懷有很多憧憬，但同時，也多虧了「一期一會的精神」，存於我的人生態度。

「把今天當成人生最後一天」而活

捫心自問，「今天一天，自己能做什麼？」

「每一天都是一場戰鬥，每一個今天或許都是人生的最後一天。當你這樣想的時候，你會如何自處呢？」重要的是，要把這個問題放在心上，並用實際行動加以回答。

不要問自己「十年以後，會怎麼樣」，畢竟每天空想未來終究沒有意義。

若是今早值得慶幸地能睜開雙眼，

「或許今天一天結束後，自己的人生便也結束了。

在這一天，我能做什麼？

應做什麼？

若未做何事，心會留遺憾？

若有未盡之事，那會是什麼？

自己能有何對策？

對此每日自問自答。

我認為，這就足以稱得上是「現代武士道」。

我們每一個人都可能暮為白骨，身先朝露。其實，十五年前，我患了一場大病，當時醫生對我說「你就算已經死了我都不覺得奇怪」，對這樣的我來說，難以預料死亡究竟何時會降臨。

十五年前的那一天，我前往總合本部，跟當時的理事長以及總合本部長等人開了兩個小時的會議後，在回家途中的車上，我的身體突然發生了異變。我讓隨行的人停車，並且馬上播放《佛說・正心法語》※的CD。回到家之後，我也繼續播放《佛說・正心法語》，並且靜靜地躺了三十分鐘。

之後生活一切恢復如常，但為了安全起見，第二天我去了醫院，結果醫生告訴我，昨天我在回家路上感覺不對勁的那段時間，應該已經陷入了醫學死亡的狀態。

原本我就不是「普通人」，不在統計學的範圍內。就比如現在，我還站在這裡像往常一樣為各位說法。我經常一邊想著「就算今天死了也沒關係」，一邊講話。

※ **《佛說・正心法語》** 幸福科學的根本經典，記錄了由佛陀意識降下的蘊含靈力的言魂。讀誦此部經文能夠與天上界相連，並出現靈性之光。由 大川隆法總裁親自讀誦經文的CD，業已問世。

我一直心懷這樣的覺悟，這種向死而生的覺悟。

「明天再做」、「來年再做」、「下一任自然有人會做」，或許有很多人喜歡這樣地拖延，特別是政府機構裡這樣的人尤其多，或許這些人都是打著「只要自己不吃虧就好」的算盤。

老是不做判斷，總是往後拖延，成為整天想著「不求有功但求無過，只要熬到退休就萬事大吉」，希望各位不要變成這樣的人。

「沒有保證你一定還有明天」，對此希望各位牢記。

我希望大家能常常自問自省：「今天我能做什麼？憑藉自己微弱的力量，在僅有的時間裡，我可以做一點什麼？可以思考出些什麼？」

如果你每一天都能抱持著「一日一生」而活，那麼你將會與其他人之間變得非常不同。

當今日本缺乏「武士道的正義之心」

另外，還有一點我非常在意。

那就是，透過靈言等方式，很多靈人指責日本政治和媒體「缺乏正義的觀點」。

究其原因，我認為，在武士道精神存在時，有一個觀點就是「要明確出何為正確的」。

武士決鬥絕不是拿人命當兒戲，而是為了分辨「何為正確」。因為相信「自己的主張是正確的，是為了世人，為了神佛」，所以武士才會在必要之時拔劍。

而戰後的七十多年來日本所欠缺的，就是「武士道的正義之心」。

這一點，已經嚴重地缺失。

該表達觀點的時候緘默不語、對弱者視而不見、生怕惹禍上身而避之唯恐不及、遇事隨波逐流、在利益面前不顧別人的死活，以上種種盛行於世。

而能做到不計較得失，「為誰也不說、誰也不肯做的事挺身而出」的人實在鳳毛麟角。

說白了，這就是缺乏武士道精神。

日本的政治家，無論是執政黨還是在野黨，包括媒體在內，大多都存在這個問題。別看他們在小事情上吵得熱鬧，真正遇到重要的大事反而龜縮不前，頂多小打小鬧，丟個「小紙團」敷衍了事。他們從不肯實實在在地去決戰，遇事總是避重就輕。

換句話說，那些足以影響日本的人們，或者說本該成為國家棟樑之材的大人，他們的心十分懦弱，膽小怕事。

若是察覺到自己的如此「卑怯之心」，就要加以修正。

必須讓自己的心變得透明清澈，與神佛之心成為一體要問問自己，「我的言行是正確的嗎？我在做正確的事情嗎」。

或者是，是否為了保全自己、保全公司、保全政府部門名望、保全媒體的招牌，即便看到了不正之事，也當做沒看見一樣！亦或是，即便知道是錯誤的內容，但因為是可用來貶低對方之物，也照樣刻意拿來使用？

我希望，人們能察覺到，自己在工作上是否欠缺了「武士道的正義論」。

我認為這就是日本的諸多神明對當今日本的不滿之處。

率直地接受「傳播真理的使命」

縱觀全世界即能發現，儘管蘇聯已經解體，但「共產主義的亡靈」卻依舊在作祟，被它附身的大國專橫跋扈，在其國內乃至海外屢屢作惡，惡行昭然若揭。

另一方面，回到我們自己，站在佛法真理的立場上，我曾說過：「神佛是存在的，靈是存在的，既有諸神、天使、菩薩存在的世界，亦有善良的人們前往的世界，也有抱持錯誤人生觀之人前去的地獄。」

這些都是不容動搖的「現實」。

這是一個不管有沒有聽過我說法的人，在離開此世之際，都會面對的世界。

如此「真相」，我已經在這明確地講述出來了，但有的人卻不知道，懵然無知地度過了一生，真令人難過和遺憾。

對此，我們不能給自己找藉口，也不能用「我們組織的能力有限」去粉飾敷衍。

肩負著使命的人就應該去完成使命，不能對自己的使命充耳不聞、視而不見，應該去做一個真正的人，應該率直地接受自己所肩負的使命。

「喚醒作為日本文化遺產的武士道精神」

此外，我想對所有人說，當前的時代，一方面逐漸失去了「武士道精神」和「騎士道精神」，另一方面人變得越來越「嬌弱，缺乏男子氣概」，在此我並沒有性別歧視的意思。

「嬌弱、缺乏男子氣概」的人太多了，芝麻大小的一點事情也能糾結半天，老是悶悶不樂地想不開，還有的人自我憐憫，總是給自己找藉口。

特別是在某些偏向於培養政府公職人員的大學等機構的教師中，有很多人會教學生如何去鑽營苟且。因為他們不願意自己的失敗被戳破，就教學生們如何變相替換概念，避開鋒芒，如何避免名譽受損等。日後，等這些學生畢業了，成為公職人員或者進入大型企業工作，大部分人也只會「但求無事」地度過人生。

「嬌弱、缺乏男子氣概」這個字眼看上去好像不太好，很抱歉，我並沒有性別歧視的意思，我只是希望各位變得更乾脆果敢，品行高潔。該贏的時候去贏得勝利，不得不輸的時候也不畏懼失敗。哪怕有時候難免吃虧，只要是理應去做的事情就不計較得失，放手去做，該說的話也直言不諱。

但是，如今的社會並沒有形成這樣的風氣。

特別是，日本人講話不習慣太直接，做起事情來大多也是態度曖昧、模稜兩可。針對這樣的行事風格，我衷心期望各位能夠秉承日本文化遺產的武士道精神，能「明辨善惡正邪，該堅持原則時絕不妥協，徹

第三章

現代武士道 提問與回答

二〇一九年十月三十一日 説法
於東京都・幸福科學總合本部

提問與回答 1　如何洞察對方的思想脈絡

提問1：在您的法話「現代武士道」的結尾部分，您提到「明辨善惡正邪，該堅持原則時絕不妥協，徹底探求事物的脈絡」（參照本書第二章）。

無論在政治上，還是我們的人生態度上，在面對各式各樣的真劍比拚時，當我們認為對方的思想脈絡錯誤之時，我們應該用怎樣的心態和話語去接近對方，應該如何乾脆俐落地與之對抗呢？如何才能洞察對方的脈絡呢？能否請您教導應維持何種態度或者是有什麼方法嗎？

「當說則說時」的洞察之法

大川隆法：有些人的工作，會被很多週刊雜誌等媒體，常常寫一些小道消息，必須要應對很多捕風捉影、搬弄是非的狀況。

只不過，這些媒體的做法，往往不是堂堂正正地面對面交鋒，也常常無疾而終。就好比趁人睡著時，往人家被窩裡偷偷塞一隻蟑螂、蜘蛛讓他人感到噁心，淨是些不入流的小伎倆。

面對這種情況，要先區分究竟哪些小動作是在可容忍的範圍之內，還是任其發展下去就會擾亂社會秩序，形成不良的社會風氣。

如果是後者，那就必須當說則說，直言不諱。

雖說日常生活裡不發怒很重要，但是，該表現出憤怒的時候，也要拿出剛強正直來，小動作過了頭就不能放任不管。

按照週刊雜誌這種街頭小報的水準來說，常常就同一題目，收集各種反對的言論。一個議題走不通，就換一個方向，說話做事毫無節操可言。對此，我希望媒體的報導能更合乎邏輯一點。

比方說，近期的國際政治問題中，香港問題就是一個活生生的例子。針對香港問題，我曾屢屢提及，既在講演會等場合反覆講過，也在幸福科學的月刊等等印刷刊載。

然而針對香港問題，大多數的日本媒體卻不肯表明觀點，刻意迴避。生怕表達的觀點，日後若是發生什麼不好的事，就會觸霉頭要承擔責任，日本政府也在逃避。

跨越黨派努力為香港提供保護的美國

在我看來，美國的做法值得稱道，在香港問題上，不僅共和黨，就連民主黨議員也贊成保護香港的法案（香港人權．民主主義法案）。就連屢屢抨擊川普總統的民主黨議員也暫時放下了黨派之爭，在議會上讓法案得以通過。

我想，這才是「復仇者聯盟」中所宣揚的「美國式正義」。在這樣的緊要關頭，正義與共和黨和民主黨的黨派之爭無關。

香港只有七百萬人口，與此相對的是，中國大陸人口多達十四億，還擁有龐大的軍隊。因此，如果想消滅香港人，就能做到一個不留。輕而易舉就能做到，這是顯而易見的。中國隨時都可以在頃刻間把香港人都殺光。正因為如此，香港人才奮起反抗。

香港人不是恐怖分子。在遭受到不正當的政治判斷之前，香港的繁榮一直引領著中國的發展，也是外國向中國投資的窗口。日本也是如此看待香港，因為香港畢竟是按照國際通用規則行事的地方，所以才會以香港為窗口對中國進行投資。

但是這樣的一個地方，現在正在遭受中國大陸的鎮壓。中國正在用鎮壓其他邊境地區和少數民族的手段對待香港。他們這麼做或許只是因為觀念陳腐，但究其背後的原因，說穿了，難道不是因為「卑怯之心」嗎？

勢力弱小的一方，被逼得走投無路，就快跳海逃離香港了，但是香港人拚命抗爭，寧折不彎面對這樣的情形，願意傾身一聽才是大國應有的氣度吧。

特別是，香港過去一百五十年是英國殖民地，回歸祖國原本該是高興的事，但是香港人民卻深刻地感到，回歸之後情況竟然變得糟糕，香港已經不是自己熟悉的那個香港了。

中國政府把那些站出來反抗的香港人扣上「叛軍」的帽子，說他們是「恐怖分子」，還對他們進行攻擊。並且，對中國國內還進行洗腦宣傳。

然而，中國畢竟有十四億人口，怎麼可以洗腦全部的人口呢？一個國家不可以洗腦他的人民。學校可以對全體學生要求「放學的路上不得拐彎去別的地方，必須直接回家」，但泱泱大國不同於小小的學校。

跟世界各國之間有貿易往來，從事貿易工作的成年人都會說，「從國際通用規則來看，無法接受中國的做法」。實際上，香港還被曾諾「在二〇四七年為止維持一國兩制※」但現實卻是還未滿二十年，中國政府就急著要同化香港了。

所以從道理上來說，香港人民的主張是正確的。

這也是為什麼美國的共和黨和民主黨願意為了香港聯合起來，讓法案順利通過。當然，美國這麼做是有風險的。中國是美國最大貿易夥伴，處理得不好，雙方甚至有開戰的可能。

中國持有核子武器，這也會對美國構成威脅。畢竟中國說著：「無論是關島、夏威夷，還是西海岸、華盛頓，我們想打哪兒就打哪兒。」而且中國還叫囂著：「我們有十四億的人口。就算美國人全消滅光了，

※ **一國兩制** 旨在承認香港與中國存在制度不同。曾是英國殖民地的香港，於1997年回歸實行社會主義制度的中國，當時中國承諾香港維持「資本主義制度」至2047年。

我們也還能剩下一些人口。」這都對美國形成了巨大的威脅。

儘管如此，美國作為世界上的領導國家，並沒有因為風險而棄香港於不顧。哪怕堅持正確主張的一方只有七百萬人，而另一方數量龐大有十四億人，美國也沒有對香港見死不救，也不允許中國政府恃強凌弱。

因此，美國各黨派才暫且放下黨派之爭，不計得失地通過了保護香港的法案。

「國家主席習近平以國賓規格訪日」的背後暗藏玄機？

反觀日本的所作所為，真令人感到羞恥不堪。

當今天皇的即位典禮上，不知道為什麼，竟然連中國國家副主席和香港特區行政長官林鄭月娥也受到了邀請。

我曾在日文版的《新聞週刊》上讀到過一篇報導，說是記者在距離日本國會議事堂非常近的一家飯店大廳咖啡廳裡，看到某個前日本政壇重量級人物與一位中國女性在交談。

那名記者可能是在離他們很近的地方聽到了談話內容吧。報導裡寫到，那個中國女性在交談中提出為了中國的面子，「能不能在以國賓規格邀請川普總統訪日之前，先邀請習主席？」「一定要按照與川普相同的國賓規格」。或許這位女性是為了與前國會議員斡旋而來的。

不僅如此，記者還聽到了不敢置信的內容。中國女性說完那些話之後，那個前日本政壇重量級人物竟然邀請她去飯店樓上，「其餘的話我們去樓上說吧」，然後兩個人就一起消失了。這顯然是個「美人計」

無疑。

如果這一切是真的，習近平於二〇二〇年初春以國賓規格訪問日本的行程※，真的是間諜故事一般暗中周旋的結果，那就說明，別人已看穿「日本是個罔顧正義與道德的國家」。

如果是「武士道之國」，不會允許出現如此事情，那個人物會成為被即刻斬首的奸賊。

由此可以看出，這個國家的倫理觀念已經脆弱到何種程度。

每個人都應該自問自省是否持身端正

哪怕利益當前，不該接受的便不能接受，應該拒絕的當必須拒絕，

※ **習近平於2020年初春以國賓規格訪問日本的行程**　中國國家主席習近平原計畫於2020年4月以國賓待遇訪問日本，因新冠肺炎蔓延全球，於3月5日宣佈延期。

該放棄的時候要果斷放棄。必須要合乎邏輯才行。

然而，類似的暗中周旋並不是特例，在日本的其他媒體等應該也多有發生。

被政府懷柔的電視臺、雜誌社、月刊雜誌等等也不會只有一兩家。政府可以透過警察、檢察、國稅等手段。

如果被國稅局、檢調和警察盯上了，基本也只有乖乖聽話的份，哪怕是大型媒體也經不住調查，肯定會被揪出一些小辮子。只要那些政府機關出手，肯定能查出問題來，動輒就是幾億日元的追繳。朝日新聞就曾經被追繳了好幾億。或許，媒體與政府之間在某些方面達成了一些曖昧的默契。

總而言之，所謂「合乎邏輯」就是不管自己擁有多少影響力，都應該明辨是非，思考「此事正確與否」。如果你認為正確，就要勇往直前，如果你意識到錯誤，就要遠離糟粕，潔身自好。

抱持如此人生態度，此人就會散發出後光，進而能讓持有惡心之人無法靠近。

幸福科學的媒體，現在還沒成氣候，本會雜誌《The Liberty》的總編也未曾為了金錢利益，去寫出歪曲事實的報導。

那是因為他們的心中懷有「宗教的信條」，明白「那般行徑會讓自己墮入地獄」，所以不會同流合污。

不管你是不是某個特定宗教的信徒，是否受到宗教信條的約束，至少「作為一個人自己是否持身端正」，這是每個人都應該自問自省的問題。無論從事什麼職業，都要如此自問。

始終堅持「傳達正確的資訊」

幸福科學也出版了不少已故人士的靈言，以及一些尚在世間之人的守護靈靈言。最近還出版了更令人爭議的外星人主題、幽浮主題的書籍和寫真集等等。

關於這方面，確實存在一個現狀，即「世間造假的那麼多，虛構的幽靈故事、奇談故事那麼多，幽靈奇談的狂熱愛好者們偽造出來的靈異照片和ＵＦＯ照片那麼多。造假有什麼稀奇呢，只要時不時混進去些真東西就行了」。但我不能欺騙自己的良心，也不能認同世間的這種現狀。要是我真這麼做了，不僅我不能原諒自己，就連我的弟子們也不能接受。

我不會說我的書裡沒有錯誤。即便也許確實存在一些錯誤，但至少，我一直秉承著一個信念，就是要「傳達正確的資訊」，這是我三十多年來的一貫堅持。或許從「科學」的角度來說，正確與否有待討論，可是我從未欺騙過人們。

其實在靈言裡面，包括我們職員的守護靈靈言在內，有時確實會遇到說謊的守護靈。能騙過我，「沒想到他是個巧言令色，善於欺騙之人」，這樣的守護靈一百個裡頭會遇上那麼一個。遇到這種情況，我後來會加以修正，也有時會改變看法，所以我不會說絕對沒有錯誤。

但至少，在自己的認知範圍以內，或者說，在可以確信的內容裡，我從沒有傳播過任何謊言。當然，「力有未逮，說出去的話暫時還沒實現」的情況確實存在，但是堅持傳播正確之事，這一點我從來沒有改

提問與回答 2　關於「降魔之戰時的武士道」

提問2：我想要請教一個關於「降魔之戰時的武士道」的問題。

有些人原本是帶著天使的使命降生到世間，但結果卻墮入魔道，與魔為伍，反過來攻擊幸福科學。還有些人自以為是正義之師，實際上卻因為受到了左翼思想的影響，錯誤地攻擊幸福科學。針對這些人，我認為在懷有關愛之心的同時，也要秉承武士道的精神，該與之決鬥的時候也不可手下留情。

那麼按照現代武士道的精神，如何才能統合「嚴厲的戰鬥」和「關愛之心」呢？

每個時代對佛法真理的正義的接受程度不同

大川隆法：本來，能夠體悟神佛之心的人，在世間應該獲得成功，理應受到承認，大家都能夠安心放鬆，度過安穩的生活。

然而，每個時代對佛法真理的正義的接受程度並不相同。

尤其是那些肩負著重大使命，要創立新宗教、興起宗教改革的人，從現世的角度來看他們是悲劇的，因為他們總是會遭到既得利益者們的攻擊。

拿基督教來說，舊教（天主教）和新教（基督新教）之間的對抗之慘烈，國民人口甚至因此只剩下幾分之一了。

因此有些人認為，「早知如此，還不如不創立新宗教」。但是，站在數百年的歷史高度上綜觀全局的話就能發現，只要新宗教的出現是時代所需，就會出現「不得已的犧牲」，正因如此才會發生讓人口只剩下三分之一的戰爭。

耶穌基督當年在世間的戰鬥，與敵人力量懸殊，寡不敵眾。面對羅馬的軍隊，猶太人們根本不是對手，他們淪為羅馬總督等官員們的爪牙、傀儡和僕從，在宗教的層面上監視耶穌。

屢屢遭到耶穌批判的法利賽派等人，扮演了相當於現代CIA的角色，「確保不會出現叛亂」。他們一旦發現了叛亂分子、反羅馬人士、暗中參與獨立運動的人士，以及被當時的新興宗教基督教所蠱惑參與相關活動的人士，就會立刻向當權者們舉報。

有時就是這樣，正義也有敵不過現實力量的時候。為了求得羅馬軍隊的庇護，舊宗教被用作了扼殺新教的棋子。

不畏強權的地下天主教徒們

日本的寺院制度，在江戶時代也曾被幕府所利用，代替官府成為了監視、控制民眾的工具。

在上述說到的香港問題上，《香港革命》（幸福科學出版發行）一書中提到了天草四郎時貞※這個人，他與香港活動家周庭（Agnes Chow）的靈魂似乎有所關聯。當時，天草四郎時貞是個年僅十六歲的

※ **天草四郎時貞（1621？～1638年）** 天主教徒，由於不堪忍受島原藩等的暴政、重稅以及殘酷的天主教徒鎮壓政策，於1637年揭竿而起（島原之亂），年僅16歲便擔任了一揆軍總司令。

少年，他帶領眾人在城中堅守了九十天之久。可惜最終還是沒能逃脫城毀人亡的結局，畢竟跟幕府軍相比，實力懸殊實在太大了。

如果說耶穌的光輝對他們產生了某些影響，那應該是一種「明知敵不過，卻寧死也要堅持廣佈基督教」的信念吧。抱持如此信念的人們大多成為了地下天主教徒，潛伏了起來。

在我的出生地德島縣川島町，就有一個地下天主教徒之鄉。

吉川英治撰寫的《鳴門祕帖》裡有個蒙面劍客，名叫十夜孫兵衛。他戴頭巾蒙面，是為了遮蓋額頭上的十字架。臨近上櫻城的一個地方有地下天主教徒，孫兵衛就出生在那裡。地下天主教徒確實存在，也有記述這些人的文學作品存在。

如今的中國也是如此。儘管天主教是正式被中國政府承認的五大宗教之一，但在暗中活動的地下基督教等宗教也有不少。

羅馬教廷派人訪問中國的時候，曾提出希望由梵蒂岡保留主教的任命權，結果不但被拒絕了，中國當局還反過來提出「可以承認地下教會，但任命權必須交給北京」。如此一來，交涉的結果反而變成無論是被正式承認的教會還是地下教會，都被納入了中國當局的管轄之內。

人口只有千餘人的梵蒂岡在世間只有權威，沒有實際力量，無法對抗中國呢。中國握有鎮壓甚至殺戮中國基督徒的實力，梵蒂岡根本無法營救。

在香港革命中，持續堅苦對抗的教會

七百萬香港人中，有一百萬人是會去教會的基督徒。目前，教會正持續堅苦對抗。

在香港的基督徒中，既有支持中國北京派的信徒，也有支持獨立派的信徒，還有稱不上獨立派但要求自治的信徒。由於想法不同，信徒們沒辦法一起參加週日的禮拜。

教會方面只好分批接待，要不就讓相同想法的人一起禮拜，要不就是讓牧師分別錄好影片，支持抗議遊行的看這個版本，支持政府的看那個版本。如此一來，為了滿足不同的需求，同一個牧師必須準備幾套內容完全不同的禮拜講稿。

站在教會的立場上，既不願放棄任何一個信徒，也不願看到信徒人數減少。據說香港特首林鄭月娥也是一位基督徒，她應該也會去教會做禮拜。

牧師們苦不堪言，因為兩方都不願放手，只能兼顧各方需求，準備不同的講稿。

支持北京派的信徒會說：「教會是個袒露真心的地方，現在我們心緒不寧，希望牧師的講演可以讓我們的心安定下來。在這裡就不談政治了吧。」

另一方面，支持抗議遊行的信徒會說：「這片土地正逐漸失去神的正義，我們快要永遠的失去香港了，現在已經到了必須站起來鬥爭的時刻。儘管我們力量微薄，但我們正在堅持戰鬥。請您作為神的代表支持我們，請您轉達神的旨意，請您給予我們鼓舞。」

各方需求不同，為了兼顧各方需求，香港的教會也在苦苦支撐。這是宗教經常會遇到的困境。

世間之人難以企及的「神的視角」

有些事情無法用人世間的勝負作為標準去衡量。

被釘在十字架上的耶穌，在現在的很多日本人看來，有點不識時務。他的眾多弟子已經紛紛離開了他，耶穌殉難前，他的十二門徒都不在身邊，可以確定的是，跟隨他的只有他的母親聖母瑪利亞、抹大拉的瑪麗亞，還有女弟子莎樂美，以及一個當時非常年輕的男弟子，應該是

「福音書中的約翰」。

耶穌在十字架上指著旁邊的聖母瑪利亞對約翰說：「這是你的母親」，又指著約翰對瑪利亞說：「這是你的兒子」。也就是說，他將母親託付給了約翰，請他在自己死後照顧自己的母親。

耶穌受難時，身邊僅剩下四、五個弟子。

排行在彼得以下的弟子們，親眼見到了耶穌被逮捕審訊的過程，但他們聽到有人對他們問詢，就膽怯得逃走了。彼得被問到：「你，和那個男人是一夥兒的吧？」結果他也在雞叫第二遍之前，三次拒絕認主，他謊稱：「我不是那人的弟子，跟他不是一夥的。」過後，彼得為此痛哭著懺悔。這就是後來的初代教皇。

上面講到的這些都說明，在這個世界上，正義也有被打敗的時候。

這個道理很多人都不明白，就連遠藤周作也是這樣。電影「沉默」當中，描繪了發生在日本歷史上天主教徒遭受鎮壓的故事，「腳踩踏繪，踐踏天主教聖像，就可活命。否則，就會被處死」。在我看來，電影裡包含這樣一種思想，即「踏繪有什麼關係呢？踩一腳可保命，有命才有一切」。我記得那個感覺就是「神為什麼保持沉默呢」。

在這個世界上，確實有些事情乍看是「失敗」無疑。然而，神卻是從跨越一千年、兩千年乃至更長的時間來看待這些事情。這是不可用凡人幾十年的人生長度去測量的。

針對幸福科學，假設用媒體式的口吻來評價，又會怎樣呢？

「幸福科學聲稱自己受到世界神、地球神的指導，還聲稱日本諸神都支持他們，結果他們的政黨幸福實現黨還不是一直輸？得票數也越來越低，就這樣也敢說自己受到了世界神、日本諸神的支持嗎？肯定是說謊。就因為他們滿口謊言才會敗選」。

我想，僅從這個世界的次元來說，一定會出現類似評價。

神的意志並非朝夕之間就能顯現出來

針對上面那種言論我要說明的是，「神的意志」並非是單純的、能立竿見影顯現出效果。我們所付出的努力之所以在短時間內尚未得到成果，是因為我們正在從事一項艱難的事業。

對於後世來說，正因為我們所做出的努力將成為一個重大的轉捩點，所以才如此艱難。如果一個事業，稍作推動便可扭轉乾坤的話，那這個事業就不可謂之「難」，也不是我們應當去承擔的工作。

既然我們面對的是一個如此重大的轉捩點，那麼勝利便不可能唾手即得。

比如，日本政府，無論我諫言了多少次，或許是擔心貿易往來受影響，至今他們對於中國的所作所為還是緘默不言。

但是，我並不在意，依然堅持批判中國。

如果，我要是像日本的大臣們那麼軟弱，因為一篇週刊雜誌的小報報導，就「被砍了頭」丟掉烏紗帽的話，那我的腦袋早就不知道被砍掉多少次、身體被砍了不知道多少刀了，畢竟我的言論大多激烈犀利。

這終究是「信念的問題」。我明白倘若誰都不肯站出來，就無法推動情勢一步一步往積極的一面發展。

即便是渡部昇一先生那樣在日本久負盛名的著名評論家，也因為自己的觀點不被接受而鬱結懊惱多年。

渡部先生有一個著名的「梵鐘理論」。

內容說的就是，一個大大的梵鐘，用手指輕輕碰一下它完全不會動，但持續推動它的話，梵鐘就會逐漸擺動起來，而且擺動的幅度會越來越大，發出巨大的聲音。我們表達觀點的時候也是這樣，起初可能完全激不起什麼水花來，但只要堅持不懈的表達下去，一定能像擺動起來的梵鐘一樣引發反響。

渡部昇一先生沒有成立組織，是單槍匹馬在戰鬥。但我們不是單打獨鬥，我們有組織，而且組織規模正在不斷壯大。

因此，只要我們堅守信念，堅持不懈的努力下去，漸漸地，一定可以擁有比單槍匹馬的評論家強大得多的影響力。

現今，維吾爾、香港的民運人士，以及其他方面的人士，正向本會尋求幫助。

只是目前我們還沒具備能立刻幫他們解決問題的實力。因為真要上陣打仗的話，沒有軍隊，赤手空拳的我們基本上沒有贏面。

坦白說，維吾爾、內蒙古、西藏等地區想要從中國的統治中解放出來，沒有美軍那樣的實力根本辦不到。假如美國不惜派遣軍隊去硬奪，或許有希望幫他們實現解放。而日本雖說有自衛隊，但調遣起來卻掣肘重重。

更何況我們的政黨目前還沒有成為執政黨，我的言論也並非已經傳到了每一個國民的耳中。

從這層意義上來說，或許我的聲音還遠遠地未廣佈至所有地方。

然而，我的主張一定有人在認真傾聽，也一定能喚醒人們的良心。

一個人的覺醒，有時即可以改變世界

二〇一八年十月，我在德國舉辦了一場四百人規模的講演會。

在講演會舉行的前一天，至今仍活躍在螢光幕前的女演員凱特・布蘭琪的守護靈來到了我這裡。

她是一位澳洲籍的女演員，曾在山姆・雷米執導的電影當中扮演一名通靈者，用紙牌為人算命。

她的守護靈，不知道為什麼會突然出現在德國。

而我本人當時也有些失望的情緒，畢竟在歐洲舉辦的講演會中，僅有四百多人參加確實算是人數較少的。我甚至忍不住想問問當地這二三十年都做了些什麼，但凱特．布蘭琪的守護靈對我說了這樣一段話：「不要這麼想。到場的四百多人裡，或許存在『特別的某個人』，你無法預料這個人是誰。但也許因為這『特別的某個人』聽了你的講演，說不定世界就此會發生改變。所以，不要因為觀眾少而失落，更不要因此對講演敷衍了事。四百人之中，無法預料究竟會有誰，你的話能傳播到哪裡，也是無法預料的。」

為了對我說這番話，凱特．布蘭琪的守護靈卻特意趕來找到了我。

我與凱特．布蘭琪本人並沒有直接的交集，僅限於作為觀眾能從電影作品裡認得出她的程度而已。但是她突然來訪，而且是對我說完這番話就回去了。

事實上，真被她說中了。當時的觀眾當中，真的有一個「特別」的人。一位維吾爾的民運人士，就是那「特別的某個人」。

我在德國講演的內容，在講演結束後，很快就傳到了中國。兩三天之後，中國就承認了在維吾爾存在相當於強制收容所之設施一事。

此外，我在臺灣舉辦的講演會※中提及了「臺灣獨立問題」，表達了臺灣不應該被併入中國的觀點。隨後，中國外交部就向日本外交部發出了「日本是否要與臺灣恢復邦交」的詢問。

這可能是因為講演會裡混進了間諜吧，情報很快傳到了中國。聽說日本當時的答覆是「目前尚未有此計畫」。

※ **我在臺灣舉辦的講演會**　2019年3月3日在臺灣君悅酒店，以「以愛跨越憎恨」為題，舉行了講演會，並回答了聽眾提問。參照《以愛跨越憎恨》（台灣幸福科學出版發行）。

由此看來，正如凱特·布蘭琪守護靈所說的那樣，雖然不知道在哪裡有誰能聽到我的講演，但是這個「特別的某個人」，可能會成為一個管道，將我的言論廣泛傳播出去。

不拘泥於現世的成功，抱持無所畏懼的勇氣

基督教的「保羅的轉變」也是一個與此情況類似的故事。

耶穌降生的時候，使徒保羅的名字還是「掃羅」。那時候，他既不是耶穌的弟子，也沒見過耶穌，甚至在耶穌受難後，他還激烈地鎮壓過耶穌的弟子。

然而，在相當於今天敘利亞大馬士革的某個街道裡，掃羅突然被一

道光閃了眼，他三天看不清東西。治好他眼睛的是基督徒亞拿尼亞。見證了奇蹟的掃羅轉變心意，改名「保羅」，成了一名基督教的傳道士。

而隨著保羅一個人的覺醒，基督教推開了邁向世界宗教的大門。

保羅是羅馬市民，會說希臘語。

在當時，會說希臘語就等同於會說國際通用語言。這就好比今日，一個英語母語者，一個擁有美國國籍、有學養、英語措辭講究的人，改變了自己的信仰，成了幸福科學的信徒。

保羅就是這樣的一個人，他作為基督教傳教士而四處傳道。儘管他最後被判處死刑，但就是這樣「特別的某個人」，他憑一己之力，創造出了一個巨大的奇蹟。

所以，二十人、五十人也好，一百、一千人也罷，哪怕規模不大，哪怕我們不知道前來聽講演的人身分為何，也要面向那個看不見的「特別之人」堅持宣講正論。我認為，如此態度非常重要的。

我們絕對不能輸。

心懷「一天人生就會結束」的態度而生，這「一日一生」的人生哲學是一個真理。不要忘記，「我們現在正在做的事情，或許在自己的有生之年無所成就，但它可能會在自己死後，成為後世人們的心靈指標，也可能在數百年後，成為人們的判斷標準」。

我認為抱持在這層意義上的「無所畏懼的勇氣」，非常重要。

後記

人生是接連不斷的戰鬥。雖說偶爾也會有奇蹟降臨，但我們不能把希望全寄託在奇蹟，要拿出實力以真劍去拚搏。

既然是真劍的戰鬥，那麼企業的經營者們中劍之時，一樣會流血受傷，甚至會失去性命。其嚴峻必當如流血割肉一般。

國家的政治也是如此。日本政府的新冠對策之一就是，下至嬰兒上至日本首相，發十萬日元的補助金給每個人，還透過郵差將兩個口罩投入每一戶的信箱，這種不知所謂的恩惠，恕不能接受。倒不如說，日本政府企圖趁著發補助金的機會，將個人編號卡的制度義務化，進而企圖借此監視全體國民的個人資產。這是打著「社會福利」之名的極權主義。

不能容許日本變成北韓和中國那樣的國家。因此，希望每位國民都能秉持「自助努力」的態度，並希望媒體要有著「武士道精神」。停止偽善」吧！要追求「公正」和「正義」。

二〇二〇年　六月二日

幸福科學集團創立者兼總裁　大川隆法

HAPPY SCIENCE

幸福科學集團介紹

幸福科學透過宗教、教育、政治、出版等活動，以實現地球烏托邦為目標。

幸福科學

一九八六年立宗。信仰的對象為地球靈團至高神「愛爾康大靈」。幸福科學信徒廣布於全世界一百多個國家，為實現「拯救全人類」之尊貴使命，實踐著「愛」、「覺悟」、「建設烏托邦」之教義，奮力傳道。

愛

幸福科學所稱之「愛」是指「施愛」。這與佛教的慈悲、佈施的精神相同。信眾透過傳遞佛法真理，為了讓更多的人們能度過幸福人生，努力推動著各種傳道活動。

覺悟

所謂「覺悟」，即是知道自己是佛子。藉由學習佛法真理、精神統一、磨練己心，在獲得智慧解決煩惱的同時，以達到天使、菩薩的境界為目標，齊備能拯救更多人們的力量。

建設烏托邦

我們人類帶著於世間建設理想世界之尊貴使命，而轉生於世間。為了止惡揚善，信眾積極參與著各種弘法活動。

入 會 介 紹

在幸福科學當中，以大川隆法總裁所述說之佛法真理為基礎，學習並實踐著「如何才能變得幸福、如何才能讓他人幸福」。

入會

想試著學習佛法真理的朋友

若是相信並想要學習大川隆法總裁的教義之人，皆可成為幸福科學的會員。入會者可領受《入會版「正心法語」》。

三皈依誓願

想要加深信仰的朋友

想要做為佛弟子加深信仰之人，可在幸福科學各地支部接受皈依佛、法、僧三寶之「三皈依誓願儀式」。三皈依誓願者可領受《佛說・正心法語》、《祈願文①》、《祈願文②》、《向愛爾康大靈的祈禱》。

幸福科學於各地支部、據點每週皆舉行各種法話學習會、佛法真理講座、經典讀書會等活動，歡迎各地朋友前來參加，亦歡迎前來心靈諮詢。

台北支部精舍
台北市松山區敦化北路 155 巷 89 號

幸福科學台灣代表處
台北市松山區敦化北路 155 巷 89 號
02-2719-9377
taiwan@happy-science.org
FB：幸福科學台灣

幸福科學馬來西亞代表處
No 22A, Block 2, Jalil Link Jalan Jalil Jaya 2, Bukit Jalil 57000, Kuala Lumpur, Malaysia
+60-3-8998-7877
malaysia@happy-science.org
FB：Happy Science Malaysia

幸福科學新加坡代表處
477 Sims Avenue, #01-01, Singapore 387549
+65-6837-0777
singapore@happy-science.org
FB：Happy Science Singapore

現代武士道

現代の武士道

作　　者／大川隆法
翻　　譯／幸福科學經典翻譯小組
封面設計／Layla
內文設計／顏麟驊

出版發行／台灣幸福科學出版有限公司
104-029 台北市中山區中山北路三段 49 號 7 樓之 4
電話／ 02-2586-3390　傳真／ 02-2595-4250
信箱／ info@irhpress.tw
法律顧問／第一法律事務所　余淑杏律師

總 經 銷／旭昇圖書有限公司
235-026 新北市中和區中山路二段 352 號 2 樓
電話／ 02-2245-1480　傳真／ 02-2245-1479

幸福科學華語圈各國聯絡處／
台　　灣　taiwan@happy-science.org
地址：台北市松山區敦化北路 155 巷 89 號（台灣代表處）
電話：02-2719-9377
官網：http://www.happysciencetw.org/zh-han
香　　港　hongkong@happy-science.org
新 加 坡　singapore@happy-science.org
馬來西亞　malaysia@happy-science.org
泰　　國　bangkok@happy-science.org
澳大利亞　sydney@happy-science.org

書　　號／978-626-95746-7-4
初　　版／2022 年 4 月
定　　價／380 元

國家圖書館出版品預行編目（CIP）資料

現代武士道／大川隆法作；幸福科學經典翻譯小組翻譯. -- 初版. -- 臺北市：台灣幸福科學出版有限公司，2022.4
176 面；14.8×21 公分
譯自：現代の武士道
ISBN 978-626-95746-7-4（平裝）

1. 新興宗教　2. 靈修

226.8　　111003893

廣　告	回　信
台北郵局登記證	
台北廣字第5433號	
平	信

IRH Press Taiwan Co., Ltd.
台灣幸福科學出版有限公司

104-029 台北市中山區中山北路三段49號7樓之4
台灣幸福科學出版　編輯部　收

大川隆法
Ryuho Okawa

現代武士道

請沿此線撕下對折後寄回或傳真，謝謝您寶貴的意見！

台灣幸福科學出版有限公司

現代武士道
讀者專用回函

非常感謝您購買《現代武士道》一書，
敬請回答下列問題，我們將不定期舉辦抽獎，
中獎者將致贈本公司出版的書籍刊物等禮物！

讀者個人資料　**※本個資僅供公司內部讀者資料建檔使用，敬請放心。**

1. 姓名：　　性別：☐男　☐女
2. 出生年月日：西元　　年　　月　　日
3. 聯絡電話：
4. 電子信箱：
5. 通訊地址：☐☐☐-☐☐
6. 學歷：☐國小 ☐國中 ☐高中／職 ☐五專 ☐二／四技 ☐大學 ☐研究所 ☐其他
7. 職業：☐學生 ☐軍 ☐公 ☐教 ☐工 ☐商 ☐自由業☐資訊 ☐服務 ☐傳播 ☐出版 ☐金融 ☐其他
8. 您所購書的地點及店名：
9. 是否願意收到新書資訊：☐願意　☐不願意

購書資訊：

1. 您從何處得知本書的訊息：（可複選）☐網路書店　☐逛書局時看到新書　☐雜誌介紹
   ☐廣告宣傳　☐親友推薦　☐幸福科學的其他出版品　☐其他

2. 購買本書的原因：（可複選）☐喜歡本書的主題　☐喜歡封面及簡介　☐廣告宣傳
   ☐親友推薦　☐是作者的忠實讀者　☐其他

3. 本書售價：☐很貴　☐合理　☐便宜　☐其他

4. 本書內容：☐豐富　☐普通　☐還需加強　☐其他

5. 對本書的建議及觀後感

6. 您對本公司的期望、建議…等等，都請寫下來。

IRH Press Taiwan Co., Ltd.
台灣幸福科學出版有限公司